Viola Tiemann

›Keine Onkel, die erklären, wie die Welt funktioniert‹

Essener Studien
zur Semiotik und Kommunikationsforschung

Herausgegeben von
Achim Eschbach und H. Walter Schmitz

Band 19

Essener Studien zur Semiotik und Kommunikationsforschung

Band 19

Viola Tiemann

›Keine Onkel, die erklären, wie die Welt funktioniert‹

Eine inhaltsanalytische Untersuchung der Nachrichten auf Radio Eins Live

Shaker Verlag
Aachen 2006

Bibliografische Information der Deutschen Nationalbibliothek

Die Deutsche Nationalbibliothek verzeichnet diese Publikation in der Deutschen Nationalbibliografie; detaillierte bibliografische Daten sind im Internet über http://dnb.d-nb.de abrufbar.

ISBN-10: 3-8322-5686-5
ISBN-13: 978-3-8322-5686-9
ISSN 1439-4162

Shaker Verlag GmbH • Postfach 101818 • 52018 Aachen
Telefon: 02407 / 95 96 - 0 • Telefax: 02407 / 95 96 - 9
Internet: www.shaker.de • E-Mail: info@shaker.de

Vorwort

Die Rundfunknachrichten des Radiosenders *Eins Live* unterscheiden sich nach dem Willen und den Aussagen der Redakteure der Nachrichtenredaktion, aber auch nach dem Höreindruck deutlich von den Nachrichten anderer Sender. Statt sich alleine mit programmatischen Bekundungen und dem Eindruck von Hörern zufrieden zu geben, sucht Viola Tiemann zu einer wissenschaftlich begründeten Aussage über ihren Untersuchungsgegenstand zu gelangen. Sie stellt sich dabei die Fragen, ob und inwiefern die Nachrichten auf *Eins Live* überhaupt anders sind als bei anderen Radiosendern, ob und wie sich die Nachrichtenredakteure auf ihre Zielgruppe einstellen, die jünger ist als bei den übrigen Sendern Nordrhein-Westfalens, ob dabei dennoch allgemeine Konventionen für Radionachrichten eingehalten werden, ob und wie es den Nachrichtenredakteuren gelingt, dem Programmauftrag öffentlich-rechtlicher Sender auf der einen und der ansonsten häufig in ihrem Programm verbreiteten lockeren Spaß-Kultur auf der anderen Seite zu folgen. Um eventuelle Unterschiede der genannten Art überhaupt sichtbar werden zu lassen, bezieht Viola Tiemann in ihre Untersuchung vergleichbare Nachrichten des Senders *WDR 2* ein, der als Informationswelle des WDR gilt und damit als angemessener Maßstab fungieren kann. Damit werden tatsächlich die Nachrichten zweier Radiosender des WDR untersucht und miteinander verglichen, um Unterschiede auszumachen und Besonderheiten jedes einzelnen, vor allem aber des Radiosenders *Eins Live*, genau zu beschreiben und zu bestimmen.

Schon durch die Anlage ihrer gesamten Untersuchung macht Viola Tiemann unmissverständlich klar, dass es ihr um eine kommunikationswissenschaftliche Untersuchung zu tun ist, die bei aller Konzentration auf Einzelheiten der sprachlichen Mitteilung und ihrer Form das Gesamt des Kommunikationsprozesses in Fragestellung, Theorie und Analyse im Auge zu behalten versucht. Vom Allgemeinen zum Besonderen, von den historischen und institutionellen Rahmenbedingungen der Radiokommunikation bis hin zur sprachlichen Form der einzelnen Meldung bleibt der theoretisch gerechtfertigte Blick für die Einheit des Kommunikationsprozesses als Bezugsgröße und Interpretationszusammenhang erhalten.

Der erste Teil der empirischen Untersuchung im engeren Sinne stellt eine Art ethnographischer Studie der so genannten ›Infos‹ auf Radio *Eins Live* dar: Gestützt auf Interviewmaterial werden sämtliche Regelungen für die unterschiedlichen Nachrichtensendungen ebenso analysiert und vorgestellt wie die Arbeitsweisen der Nachrichtenredakteure und Nachrichtenpräsentatoren, die Regeln, die ihnen auferlegt sind, sowie das Umfeld, in dem sie arbeiten.

Im zweiten Teil, methodisch und analytisch der Höhepunkt der gesamten Studie, geht es um eine sehr umfangreiche und äußerst detailliert ausgerichtete Inhaltsanalyse von Nachrichtensendungen von *Eins Live* einerseits und *WDR 2* andererseits. Jeder Schritt der Untersuchung und ihrer Anlage ist sorgfältig begründet, die Auswahl der Sendungen ebenso wie die der Sender, der Umfang des Materials und seine Aufarbeitung und Dokumentation sowie das ausgefeilte und in allen wichtigen Punkten auf die vorangegangenen theoretischen Überlegungen und empirischen Deskriptionen gestützte Kategoriensystem, alles bildet eine methodologisch durchdachte und im analytischen Einsatz gekonnt verwendete Einheit. Dazu passt, dass Viola Tiemann mit Vorsicht und Bedacht, aber auch mit überzeugender interpretatorischer Kraft ihre Analyseergebnisse vorstellt und Schritt für Schritt zu Charakteristiken der miteinander verglichenen Sender zusammenführt.

Die abschließend zusammengefassten Ergebnisse zeigen nun einige höchst interessante Neuigkeiten und Besonderheiten auf, die in bislang vorliegenden Analysen so nicht haben erkennbar gemacht werden können. Besonders bemerkenswert ist die Feststellung, dass die Nachrichten auf *WDR 2* und *Eins Live* auf der Ebene der Meldungen und der Sätze gar nicht so unterschiedlich sind, sondern sich sehr wohl an sehr ähnliche Grundsätze halten. Und das heißt zugleich: Der Eindruck der Andersartigkeit der Nachrichten auf *Eins Live* ist allein auf die Art der Darbietung zurückzuführen, womit die Orientierung an der Zielgruppe sich im Übrigen als sehr begrenzt und äußerlich erweist. Der Spagat zwischen seriöser Nachrichtenvermittlung und dem Eindruck einer lockeren Spaß-Kultur kann also offensichtlich auch ohne eine Verletzung der Grundsätze für redaktionelle Nachrichten in einem Sender des WDR gelingen. Ob allerdings die bei *Eins Live* üblichen Mittel und Formen der Nachrichtenpräsentation die Attraktivität oder gar die Verständlichkeit der ›Infos‹ auch erhöhen ist eine empirische Frage, deren Beantwortung durch eine hier anschließende kommunikationswissenschaftliche Untersuchung anderer noch aussteht, für die

Programmverantwortlichen nicht nur dieses Senders aber von allergrößtem Interesse sein müsste.

Essen, im Oktober 2006   H. Walter Schmitz

Inhalt

Anhang (auf CD)
    Anhang I: Transkript der Nachrichten auf Eins Live
    Anhang II: Transkript der Nachrichten auf WDR 2
    Anhang III: Kategorienschema
    Anhang IV: Transkript des Interviews mit Sabine Henkel,
                 Radio Eins Live

1 Einleitung

›Das Phänomen Eins Live. Ein Radiosender sorgt für Furore‹, so lautet der Titel eines 1996 von Michael Volbers veröffentlichten Buches. Auch wenn der Inhalt des Werkes durchaus als seichte Lektüre beschrieben werden kann, hat der Autor zumindest in einem Punkt Recht: über Eins Live wird geredet. Der schräge, schrille und immer wieder überraschende Sender (vgl. Baars 1998, 72) spaltet die Meinungen der Radiohörer.[1] Viele finden die Programminhalte lustig und interessant, andere wiederum fühlen sich genervt und zu wenig informiert. Beim Verfassen dieser Arbeit sind mir unzählige Aussagen und Meinungen über diesen Radiosender begegnet, kaum jemand hatte nichts zu Radio Eins Live zu sagen. Beschäftigt man sich mit dieser WDR-Welle, wird schnell klar: Eins Live ist offensichtlich ein zielgruppenorientierter Formatradiosender, speziell gemacht für junge Leute zwischen 14 und 29 Jahren. Diese Einstellung der Redakteure auf die junge Zielgruppe zieht sich durch viele Programmteile. Nun ist interessant herauszufinden, wie die Nachrichten dieser jungen Welle gestaltet werden. Inwieweit wirkt sich dieses Format auf die Darstellungsform Nachrichten aus? Auch die Nachrichten des Senders Eins Live werden von den Hörern unterschiedlich bewertet. Einigen sind sie zu kurz und uninformativ, andere wiederum finden sie witzig und genau so umfassend wie nötig. Das legendäre Geplänkel[2] zwischen den Moderatoren und den Nachrichtensprechern während oder nach der Präsentation der Stauschau ist einigen ein Dorn im Auge, andere schalten genau wegen dieser lockeren Elemente den Sender ein. Auch wurde ich in Gesprächen mit der Ansicht konfrontiert, zwischen den Nachrichten auf Eins Live und den Nachrichten von WDR 2 bestehe gar kein Unterschied. Genügend Gründe also, sich mit den Nachrichten auf Eins Live wissenschaftlich zu beschäftigen.

---

1 Die Verwendung der männlichen Schreibweise in dieser Arbeit zur Bezeichnung von männlichen und weiblichen Personen soll niemanden ausschließen, sondern einzig die bessere Lesbarkeit gewährleisten.

2 Der Ausdruck *Geplänkel* wurde von Sabine Henkel, der Chefin vom Dienst der Eins-Live-Nachrichten, benutzt (vgl. Henkel 2005, 5, 256) und wird daran angelehnt auch in dieser Arbeit verwendet.

Sind sie überhaupt *anders* als bei anderen Radiosendern? Stellen sich auch die
Nachrichtenredakteure konsequent auf eine Zielgruppe ein, die jünger ist als bei
den übrigen Sendern in Nordrhein-Westfalen?

Oder gibt es für Radionachrichten allgemeine Konventionen, die auch eine
junge Welle einhält? Wie schaffen die Nachrichtenredakteure den Spagat zwischen dem Programmauftrag, dem alle öffentlich-rechtlichen Sender unterliegen,
der Seriosität, die Nachrichten anhaften sollte (vgl. Henkel 2005, 5, 257/258)[3] auf
der einen, und der ansonsten häufig im Programm verbreiteten lockeren Spaß-
Kultur auf der anderen Seite? Findet so ein Spagat in den Nachrichten überhaupt statt? Diesen Fragen versuche ich mich in dieser Arbeit wissenschaftlich zu
nähern.

Kern der Arbeit sind die Nachrichten auf Radio Eins Live, die vom Sender
selbst als *Infos* bezeichnet werden, eine wohl zielgruppenorientierte Formulierung, wie sich später herausstellen wird (vgl. Kapitel 5). Die vorliegende inhaltsanalytische Untersuchung wurde nicht nur für den Sender Eins Live, sondern
auch für die Nachrichten des Senders WDR 2 durchgeführt. Dazu habe ich
mich entschlossen, um einen Vergleich ziehen zu können, aus dem hervorgeht,
ob an den *Infos* auf Eins Live etwas *anders* ist. Durch die Einbeziehung der
Nachrichten des Senders WDR 2, der Informationswelle des WDR (vgl. Baars
1998, 74), soll die Aussagekraft der Ergebnisse erhöht werden. Beide WDR-
Wellen unterliegen dem öffentlich-rechtlichen Programmauftrag und den
WDR-Programmgrundsätzen. Daher werden mögliche Unterschiede zwischen
den beiden Sendern als Anzeichen dafür interpretiert, dass die Wellen sich damit
auf ihre unterschiedlichen Zielgruppen einzustellen versuchen. Abgesehen von
der inhaltsanalytischen Untersuchung aber, wird der Sender WDR 2 nicht näher
betrachtet, sondern der Fokus liegt ganz auf Radio Eins Live.

In dieser Arbeit nehme ich eine kommunikationswissenschaftliche Betrach-
tungsweise ein. Ich untersuche den Kommunikationsprozess, der mit dem Verlesen der Radionachrichten in Gang gebracht wird. Im Mittelpunkt steht der
Nachrichtensprecher mit seinen Beweggründen und Motiven, die Nachrichten

---

3   Bei den Zitaten aus dem Interview mit Sabine Henkel steht die Zahl nach dem ersten
Komma für die Seitenzahl, die Zahl nach dem zweiten Komma für die Zeilenzahl.

genauso zu gestalten, wie er sie gestaltet. Daher beschränke ich mich nicht auf
die Analyse des Endprodukts Nachrichten, sondern beschäftige mich mit der
Situation der Nachrichtenredakteure bei Radio Eins Live. Dies geschieht unter
anderem mit Hilfe eines am 05.01.2005 geführten Interviews mit Sabine Henkel,
der Chefin vom Dienst der *Infos*. In diesem Interview fiel auch der Satz, der zum
Titel der Arbeit geführt hat. Sabine Henkel stellte die These auf, dass junge
Menschen gerne auch jungen Radiomachern zuhören:

> »[...] die sollen nicht das Gefühl haben, da ist jetzt gerade mein Onkel am
> Mikrofon, der erzählt mir jetzt gerade wie die Welt funktioniert, [...] also
> nicht so ein von oben nach unten gucken: Ach euch Kleinen erklär' ich jetzt
> mal die Welt« (Henkel 2005, 2, 59-63).

Um den Arbeitstitel griffiger zu machen, wurde daraus: *Keine Onkel, die erklären, wie die Welt funktioniert.* Allein dieser Satz schon deutet darauf hin, dass das
Selbstverständnis des Senders eng mit der jungen Zielgruppe, also der Menschen
zwischen 14 und 29 Jahren zusammenhängt. Dieses Selbstbild der WDR-Welle
und seine Konsequenzen für die Nachrichtenredakteure werden also im Folgenden näher betrachtet.

Zunächst aber wird mit einer kurzen Darstellung der Geschichte des Hörfunks begonnen, bei der ich auch die Entstehung des dualen Rundfunksystems
schildere. Diese ist Grundlage für die Entwicklung der NRW-Lokalradios, die
wiederum bei der Entstehung des Senders Eins Live eine große Rolle spielen.
Der kurze historische Abriss über die Radiolandschaft in Nordrhein-Westfalen
ist wichtig, um den Sender Eins Live mit seinem Selbstverständnis, welches in
Kapitel 2.3 beleuchtet wird, einordnen zu können.

Das dritte Kapitel dieser Arbeit widmet sich einer kommunikationswissenschaftlichen Einordnung der Thematik Radiokommunikation. Hier wird geklärt, ob und wenn ja warum Kommunikation beim Radio als vollwertige Kommunikation bezeichnet werden kann und welchen Besonderheiten sie unterliegt.
Außerdem werden sowohl die Rolle des Sprechers als auch die des Hörers näher
betrachtet und die Einflüsse auf beide dargestellt. Denn gerade die auf den Sprecher einwirkenden Einflüsse sind für das Endprodukt, also die präsentierten
Nachrichten, von großer Bedeutung.

Hörfunknachrichten im Allgemeinen sind Thema des vierten Kapitels. Es ist in Anlehnung an die später folgende inhaltsanalytische Untersuchung gegliedert in die Unterkapitel *Die Nachrichtensendungen, Die Meldungen* und *Die Sätze.* Im Kapitel 4.1 werden also Nachrichtensendungen als Ganzes betrachtet. Zunächst einmal wird der Begriff Nachrichten überhaupt definiert und es werden die formalen Voraussetzungen von Nachrichten dargestellt. Das Kapitel 4.2 beleuchtet sowohl formale als auch inhaltliche Aspekte der einzelnen Meldungen. Darin enthalten sind journalistische Grundsätze und Ansprüche an Radionachrichten, die unter anderem vom WDR aufgestellt wurden, über die aber auch in der übrigen Literatur weitgehend Konsens herrscht. Auch der Prozess der Nachrichtenauswahl spielt eine wesentliche Rolle für das Endprodukt Radionachrichten und wird in diesem Kapitel mit Hilfe der drei Forschungsrichtungen *Nachrichtenfaktoren, Gate-Keeper* und *News Bias* dargestellt. In Kapitel 4.3 trage ich auf der Ebene der einzelnen Sätze vor allem sprachliche Vorgaben für Radionachrichten zusammen. Denn da Radio ein anderes Medium ist als zum Beispiel Zeitung und Hören ein völlig anderer Prozess ist als Lesen, gibt es bezüglich der Syntax und der Wortwahl für Radionachrichten gesonderte Regeln.

Die *Infos* auf Radio Eins Live sind im Fokus des folgenden, fünften Kapitels. Hier bildet, wie schon erwähnt, unter anderem das von mir mit Sabine Henkel geführte Interview die Grundlage. Es wird herausgestellt, wie die Nachrichtenredakteure bei Eins Live arbeiten, welche Regeln ihnen auferlegt sind und welches Umfeld sie umgibt. Hier wende ich mich somit den Besonderheiten der Nachrichten auf Radio Eins Live zu.

Schließlich folgt in Kapitel 6 die inhaltsanalytische Untersuchung. Nach einer kurzen methodischen Einordnung stelle ich in Kapitel 6.2 meine Vorgehensweise dar. Auch zeige ich die Grenzen der hier vorliegenden Untersuchung auf und beschreibe und erläutere das von mir verwendete Kategoriensystem. Der inhaltanalytische Vergleich erfolgt in Kapitel 6.3; er ist gegliedert in die Ergebnisdarstellung der Analyseeinheiten *Nachrichtensendungen, Meldungen* und *Sätze.* Im abschließenden Kapitel 7 werden diese Ergebnisse zusammengefasst, es folgt eine einordnende Schlussbetrachtung.

2 Entwicklung des Hörfunks in Deutschland

In einer Arbeit über einen Radiosender ist es wichtig, zunächst einen kurzen Abriss über die Entwicklung des Hörfunks in Deutschland zu geben.[4] So kann die Entstehung des hier behandelten Senders Eins Live und dessen Selbstverständnis besser eingeordnet werden. In Kapitel 2.1 werden daher zunächst kurz die Anfänge des Hörfunks in Deutschland beleuchtet. Beschreibt man die Entwicklung des Radios, spielt das Ende des öffentlich-rechtlichen Monopols eine entscheidende Rolle, welches im Kapitel 2.2 thematisiert wird. Anschließend und vor diesem Hintergrund wende ich mich dann in Kapitel 2.3 dem Sender Eins Live zu.

2.1 Die Anfänge des Radios

Im Vergleich zu den Vereinigten Staaten entwickelte sich das Rundfunksystem in Deutschland verhältnismäßig spät. Während im Hafen New Yorks bereits Weihnachten 1906 ein Radioprogramm empfangen werden konnte, gilt als die Geburtstunde des Rundfunks in Deutschland der 29. Oktober 1923, als um 20 Uhr das Radioprogramm *Die Deutsche Stunde* auf Sendung ging (vgl. Goldhammer 1995, 20). Doch schon vor dem ersten Weltkrieg wurden die Voraussetzungen für ein Rundfunksystem in Deutschland geschaffen. In dieser Arbeit werden die technischen, wirtschaftlichen, juristischen und auch politischen Einzelheiten dieser Entwicklung vernachlässigt, da sie für das Erkenntnisinteresse nicht von Bedeutung sind. Wichtig ist aber festzuhalten, dass sich von Beginn an der Staat die Verfügungsgewalt über den Rundfunk sicherte; sie wurde 1892 durch das Reichstelegraphengesetz festgeschrieben und im Ersten Weltkrieg durch den militärischen Einsatz des Rundfunks bestärkt (vgl. Goldhammer 1995, 19/20). Nach dem Krieg begann Mitte der 20er Jahre der Ausbau zum Massenmedium durch die Initiative von Hans Bredow, dem damaligen technischen Staatssekre-

---

4 Bei der Darstellung der Geschichte orientiere ich mich im Wesentlichen an: Arnold 1999, 11-46; Goldhammer 1995, 12-65 und Donsbach/Mathes 2000, 475-518.

tärs im Reichspostministerium. Der erste Rundfunkbetreiber war die *Deutsche Stunde, Gesellschaft für drahtlose Belehrung und Unterhaltung mbH* (vgl. Goldhammer 1995, 20); daran beteiligt waren die Reichspost mit 50 Prozent und das Auswärtige Amt.

Am besagten 29. Oktober 1923 begann die erste Radiosendung mit den folgenden Worten:

»Achtung, Achtung, hier Sendestelle Berlin im Vox-Haus auf Welle 400 Meter. Meine Damen und Herren, wir machen Ihnen davon Mitteilung, daß am heutigen Tag der Unterhaltungs-Rundfunk-Dienst mit Verbreitung von Musikvorführungen auf drahtlos-telefonischem Wege beginnt. Die Benutzung ist genehmigungspflichtig. Hören sie ein Eröffnungskonzert, ein Cello-Solo mit Klavierbegleitung Andantino von Kreisler« (Arnold 1999, 35).

Das Medium Radio war zunächst ein Unterhaltungsmedium, Nachrichten oder Informationen gab es kaum (vgl. Arnold 1999, 37). Im Jahr 1925 erhielten neun regionale Rundfunkgesellschaften ihre Lizenz, 1926 bekamen sie ihre Sendegenehmigung und wurden zur Reichsrundfunkgesellschaft zusammengefasst. Das Postministerium besaß hieran einen Anteil von 51 Prozent, Hans Bredow wurde der Rundfunkkommissar. Der Hörfunk in Deutschland stand also fest unter staatlicher Kontrolle.

Das neue Medium fand bei den Bürgern in Deutschland viel Zustimmung. So gab es noch im Dezember 1923 nur 467 angemeldete Rundfunkgeräte, im April 1924 waren es bereits 10.000, im Juli 1924 über 100.000 und im Jahr 1932 dann vier Millionen (vgl. Goldhammer 1995, 21).

Obwohl die Sendegesellschaften zunächst mit Privatkapital finanziert gewesen waren, mussten die Investoren ihre Anteile 1932 an den Staat verkaufen (vgl. Arnold 1999, 37). So konnte zur Zeit des Nationalsozialismus' der Rundfunk leicht zu Propagandazwecken genutzt werden. Josef Goebbels wurde 1932 Vorsitzender des Reichsverbandes Deutscher Rundfunkteilnehmer und die Reichsrundfunkgesellschaft wurde mit der Machtergreifung der Nationalsozialisten am 30. Januar 1933 dem Propagandaministerium von Goebbels unterstellt (vgl. Goldhammer 1995, 22). Die Volksempfänger konnten meist nur ein Programm empfangen, das Abhören ausländischer Radiosender wurde ohnehin unter Todesstrafe gestellt (vgl. Arnold 1999, 49). Trotz dieser Funktion als Manipulationsplattform für die Nationalsozialisten rettete Radio in dieser Zeit Leben, denn es wurde im Programm vor Bombenangriffen gewarnt.

Nach dem Zweiten Weltkrieg wurde der Rundfunkbetrieb schnell von den Besatzungsmächten wieder aufgenommen. Doch es gab einen entscheidenden Unterschied: Er war dezentral organisiert und unabhängig vom Staat. Zwar wurden die anfallenden Gebühren zunächst durch die Post eingezogen, ab Januar 1976 übernahm das jedoch die rundfunkeigene Gebührenzentrale (vgl. Arnold 1999, 42).

Schon 1945 und 1946 konnten die Menschen in den großen Städten wieder Radioprogramm hören. Die Briten schufen in ihrer Besatzungszone den Nordwestdeutschen Rundfunk (NWDR) und übergaben ihn bereits Ende 1947 in deutsche Hand. In der amerikanischen Besatzungszone wurden Anfang 1949 der Bayrische Rundfunk, der Hessische Rundfunk, Radio Bremen und der Süddeutsche Rundfunk gegründet. Mit dem Südwestfunk wurde in der französischen Besatzungszone eine zentrale Rundfunkanstalt installiert. Ende März 1946 entstanden, wurde er 1949 teilweise in deutsche Verantwortung übergeben (vgl. Arnold/Verres 1989, 40). Die heterogene Einführung der Rundfunksysteme in den verschiedenen Besatzungszonen ist die Ursache dafür, dass die Arbeitsgemeinschaft der öffentlich-rechtlichen Rundfunkanstalten der Bundesrepublik Deutschland (ARD), die 1950 aus den Landesrundfunkanstalten zusammengeschlossen wurde, sehr uneinheitlich gegliedert ist (vgl. Arnold 1999, 43). Diese Arbeitsgemeinschaft schuf dann auch das *Deutsche Fernsehen*, das am 1. November 1954 offiziell eröffnet wurde und dessen Grundlagen schon 1953 im *Fernsehvertrag* vereinbart worden waren (vgl. Donsbach/Mathes 2000, 468). Der Begriff *Rundfunk* gliedert sich also nun in Hörfunk (in Anlehnung an das Englische auch Radio) und Fernsehen.[5] Entscheidend bei der Entwicklung des Rundfunks nach dem Zweiten Weltkrieg ist die Staatsferne und die öffentliche Kontrolle, Rundfunk wurde Ländersache. Der damalige Bundeskanzler Konrad Adenauer versuchte 1961, Rundfunkangelegenheiten auch unter die Kompetenz des Bundes zu stellen. Er scheiterte, und das *Erste Fernsehurteil* von 1961 sicherte den Ländern die Gesetzgebungskompetenz zu. 1963 wurde das *Zweite Deutsche Fernsehen* (ZDF) gegründet, das ebenfalls unter Länderrecht stand.

---

5   Vgl. hierzu auch die Darstellung der Begriffsgeschichte in: Donsbach/Mathes 2000, 467.

Da für diese Arbeit die Entwicklung in dem späteren Bundesland Nordrhein-Westfalen, also die Rundfunkanstalt NWDR, von entscheidender Bedeutung ist, werden die anderen Rundfunkanstalten im Folgenden vernachlässigt. Auch die Historie des Fernsehens soll hier nicht weiter behandelt werden.

Das britische System funktionierte nach dem Vorbild der British Broadcasting Corporation (BBC), das in Großbritannien sehr erfolgreich war. Da der NWDR für ein sehr großes, kulturell und wirtschaftlich sehr heterogenes Gebiet Programm machen musste, er war für die späteren Bundesländer Nordrhein-Westfalen, Hamburg, Schleswig-Holstein und Berlin zuständig, wurde die Sendeanstalt 1954 in den Norddeutschen Rundfunk (NDR) und den Westdeutschen Rundfunk (WDR) aufgeteilt. Die Stadt Köln wurde der neue Sitz für den WDR, der für das Land Nordrhein-Westfalen heute fünf verschiedene Radioprogramme anbietet.

Wie die anderen öffentlich-rechtlichen Sender auch, war der Westdeutsche Rundfunk, als Erbe der Prinzipien der BBC, an den Programmauftrag gebunden. Dieser war gesetzlich vorgeschrieben und umfasst bis heute die Säulen *Information*, *Unterhaltung* und *Bildung*. Da die Rundfunkfreiheit im Grundgesetz verankert war, nahm der Staat allerdings auf die inhaltliche Gestaltung der drei Komponenten keinen Einfluss.

2.2 Das duale Rundfunksystem

Schon in den 50er Jahren wurde über die Einführung von privaten Radiosendern nachgedacht, doch es gab entschiedene Gegner: die Zeitungsverleger. Sie kämpften gegen den Privatfunk aus Angst, Anzeigenkunden zu verlieren.

Das bereits erwähnte *Erste Fernsehurteil* des Bundesverfassungsgerichts vom 28. Februar 1961 hatte dahingehend weit reichende Folgen für das Rundfunksystem in Deutschland. Zwar wurde in diesem Fernsehurteil privater Rundfunk nicht verboten, jedoch wurde ein öffentlich-rechtliches Monopol legitimiert, mit der Begründung, es stünden zu wenige Frequenzen für zusätzliche private Anbieter zur Verfügung (vgl. Arnold/Verres 1989, 45). Es blieb also zunächst bei der öffentlich-rechtlichen Alleinherrschaft, allerdings wurde auch klar, dass dies ein

Monopol auf Zeit sein würde, genau so lange wie es nur entsprechend wenige Frequenzen gab.

Programmlich entwickelte sich der Hörfunk in den 60er Jahren weiter. Man bemühte sich »um eine insgesamt leichtere Hörbarkeit durch mehr Abwechslung« (Goldhammer 1995, 24). Die Wellenzahl wurde erhöht, es gab mehr Information und Nachrichten, die Moderatoren wurden personalisiert und traten mit den Hörern mittels Telefon in Kontakt, Servicesendungen[6] wurden ins Leben gerufen, und die einzelnen Programme erhielten einen jeweils spezifischen Charakter. In den 70er Jahren entdeckte man den Verkehrsservice und der Verkehrsfunk mit Staumeldungen wurde eingeführt. Auch richtete sich das Programm jetzt zeitlich am Stundenraster aus, bei den meisten Sendern gab es zur vollen Stunde Nachrichten. Insgesamt bemühten sich die Programmmacher, sich differenzierter und stärker auf die jeweilige Zielgruppe einer Welle einzustellen.

Das Urteil des Bundesverfassungsgerichts vom 16. Juni 1981 machte dem öffentlich-rechtlichen Monopol ein Ende: Das heute als *duale Rundfunkordnung* bezeichnete System wurde gesetzlich ermöglicht, also eine Koexistenz von öffentlich-rechtlichem und privatem Rundfunk. Den einzelnen Ländern blieb es überlassen, neben den öffentlich-rechtlichen Sendern auch private Anbieter zuzulassen. Bis 1991 folgten weitere Urteile des Bundesverfassungsgerichts zur Thematik des dualen Systems. Im *Staatsvertrag über den Rundfunk im vereinten Deutschland* von 1991 steht:

»Für den öffentlich-rechtlichen Rundfunk sind Bestand und Entwicklung zu gewährleisten. [...] Seine finanziellen Grundlagen einschließlich des dazugehörigen Finanzausgleichs sind zu erhalten und zu sichern. Den privaten Veranstaltern werden Ausbau und die Fortentwicklung eines privaten Rundfunksystems, vor allem in technischer und programmlicher Hinsicht, ermöglicht. Dazu sollen ihnen ausreichende Sendekapazitäten zur Verfügung gestellt und angemessene Einnahmequellen erschlossen werden« (Donsbach/Mathes 2000, 504).

---

6 Servicesendungen sind Sendungen, die für den Hörer einen konkreten praktischen Nutzen haben sollen. Neben Wetter- und Verkehrsdurchsagen können das zum Beispiel Veranstaltungstipps sein, spezielle Talksendungen im Vorfeld einer Wahl oder Sendungen, in denen Singles vermittelt werden.

Damit wandelte sich grundsätzlich das bisher vorherrschende Prinzip des *Binnenpluralismus* (Vielfalt innerhalb der eigenen Programme) zum Prinzip des *Außenpluralismus* (Vielfalt in der Gesamtheit der Anbieter, jeder einzelne kann also durchaus ein einseitiges Programm machen). Die Grundversorgung mit den drei oben genannten Komponenten Bildung, Information und Unterhaltung blieb weiterhin den öffentlich-rechtlichen Sendern auferlegt.

Der Weg für den privaten Hörfunk war damit geebnet, nur fehlten nach wie vor die Frequenzen. Doch auf Druck der privaten Anbieter wurden solche von der Post, die dafür zuständig war, gesucht und auch gefunden.

Die Gesetzgebung für das Land Nordrhein-Westfalen, das in dieser Arbeit von Interesse ist, legte weiterhin ein *binnenpluralistisches Modell* fest (vgl. Donsbach/Mathes 2000, 505). Hier hatte folglich jedes einzelne Programm für Ausgewogenheit zu sorgen.

Im März 1989 wurde die Radio NRW GmbH gegründet, an der auch der WDR mit 30 Prozent beteiligt war (vgl. Schabosky 1996, 8). Radio NRW liefert heute insgesamt 45 lokalen Hörfunkstationen ein Rahmen- bzw. Mantelprogramm (vgl. www.radionrw.de A)[7]. Die einzelnen Lokalstationen, zum Beispiel Radio Essen für die Stadt Essen oder Antenne Ruhr für die Städte Mülheim und Oberhausen, übernehmen zwischen drei und neun Stunden pro Tag selbst die Gestaltung des Programms. Da sich ein Vollprogramm für die kleinen Stationen finanziell nicht lohnen würde, wird die übrige Sendezeit von Radio NRW gestaltet. Radio NRW stellt außerdem die Musik, Weltnachrichten, Comedys[8] und weitere Beiträge zur Verfügung.

Die NRW-Lokalradios richten sich nach dem so genannten *Zwei-Säulen-Modell* (vgl. Donsbach/Mathes 2000, 503). Die publizistische und die wirtschaftliche Trägerschaft wurde für den lokalen Hörfunk getrennt. Für die Programmgestaltung ist daher die Veranstaltergemeinschaft zuständig, die Finanzierung und der Verkauf von Werbung werden von der Betriebsgesellschaft übernommen. Wesentlich für den privaten Rundfunk ist also das wirtschaftliche

---

7 Der exakte Link ist, wie auch im Folgenden bei Internetseiten, im Literaturverzeichnis zu finden.

8 Comedys sind kurze, lustige Beiträge, die zur Unterhaltung dienen. Oft werden in Comedys Prominente aufs Korn genommen. Zum Beispiel werden in »Hart, Härter, Gerhard« die Stimmen von Politikern nachgeahmt.

Interesse der Unternehmen. Hat der Sender mehr Hörer, kann auch für Werbung mehr Geld genommen werden.

Am ersten April 1990 ging mit Radio DU für die Stadt Duisburg das erste private Radio in Nordrhein-Westfalen auf Sendung (vgl. www.radionrw.de B). Gleichzeitig startete auch das Rahmenprogramm von Radio NRW. Nach und nach kamen die weiteren 44 Lokalstationen hinzu. Radio NRW war mit den Lokalradios erfolgreich und konnte viele Hörer für sich gewinnen. Das machte Radio NRW zum gewichtigen Konkurrenten des öffentlich-rechtlichen WDR. Um die Hörer an sich zu binden, breitete sich der Trend, ein der Zielgruppe angepasstes Programm zu machen, weiter aus: »Dem Wunsch des Publikums, sofort zu erkennen, welchen Kanal man eingeschaltet hat, sowie wann und wo man welches Programmangebot erwarten kann, ist nur so zu begegnen« (Arnold 1999, 12/13). Alles Handeln sollte von nun an am potenziellen Hörer ausgerichtet sein: »Der Hörer, seine Lebensgewohnheiten, sein Tagesablauf, seine Erwartungen an den ständigen Begleiter Radio, müssen im Mittelpunkt aller Bemühungen der Macher stehen« (Arnold 1999, 15). Aus dieser Konkurrenzsituation heraus entstand auch der Sender Eins Live, dessen Entwicklung im Folgenden thematisiert wird.

2.3 Radio Eins Live

Die Einführung der NRW-Lokalradios stellte für den WDR und seine Hörfunkprogramme eine neue Herausforderung dar. Viele Hörer wanderten zum privaten Konkurrenten ab, vor allem die junge Hörerschaft wechselte den Sender:

> »Der höhere Musikanteil, die lockere Moderation, die Gewinnspiele und natürlich auch die lokale Nähe ließen die Stationen für die jungen Leute zum ›kleineren Übel‹ werden: nicht ideal, aber immer noch besser als der WDR« (Baars[9] 1998, 70).

Schon bald hatte der private Hörfunk in der Gruppe der unter 30-jährigen »mehr Hörer [...] als WDR 1 bis 5 zusammen« (Baars 1998, 70). Der Sender

---

9 Gerald Baars war der erste Wellenchef von Eins Live.

WDR 1 sollte von den fünf WDR-Hörfunkprogrammen die junge Zielgruppe ansprechen. Aufgrund der hohen Abwanderungszahlen (WDR 1 verlor mehr als die Hälfte seiner Hörer, vgl. Baars 1998, 70) führte der Westdeutsche Rundfunk von November 1993 bis Januar 1994 eine Eigensituationsanalyse des Senders WDR 1 durch (vgl. Guntermann 1998, 189). Mehr als tausend Zielpersonen zwischen 14 und 39 Jahren wurden zur Programmstruktur befragt. Ein alarmierendes Ergebnis war, dass WDR 1 als »langweilig, altmodisch und verstaubt« (Volbers 1996, 11) empfunden wurde und der Sender für die Befragten keine einheitliche Linie hatte (vgl. Guntermann 1998, 190). Auch Musiksender im Fernsehen machten WDR 1 Konkurrenz. So wuchs der Druck auf die Verantwortlichen, allen voran auf Fritz Pleitgen, dem damaligen Hörfunkdirektor[10], eine Programmreform durchzuführen, um vor allem die junge Hörerschaft zu halten und zurück zu gewinnen. Dies wurde versucht, indem ein weitgehend selbstständiges Wellenteam gebildet wurde, an der Spitze ein Wellenchef, der unmittelbar dem Intendanten und Direktor unterstellt wurde:

> »Für ihn und sein Team galt aber nicht nur das pure unternehmensstrategische Ziel der Akzeptanzverbesserung, sprich: Quote, sondern der öffentlich-rechtliche Programmauftrag, ein attraktives, unverwechselbares und anspruchsvolles Programmangebot für die Generation unter 30 zu entwickeln, die sich vom WDR vernachlässigt sah« (Baars 1998, 71).

Am 1. April 1995 ging das nach eigener Angabe junge Vollprogramm *Eins Live* auf Sendung und ersetzte WDR 1. Das Corporate Design des WDR wurde dabei völlig verlassen, da die Zielgruppe, Untersuchungen zu Folge, dem WDR eine derartige Reform nicht zugetraut hätte:

> »Die bloße Ankündigung einer WDR 1-Reform hätte bei der Zielgruppe ebenso wenig Aufsehen erregt, wie ein neues 4711 Kölnisch Wasser für Teenies oder Biovital-Werbung in Schulen« (Gerald Baars nach: Volbers 1996, 11).

Eins Live sollte vor allem dynamisch sein und: »schräg, schrill und frech, immer wieder für Überraschungen gut« (Baars 1998, 72).

An den Grundsätzen des Senders hat sich bis heute, mehr als zehn Jahre nach dem Start des Sendebetriebs, nichts geändert. Viele der etwa 50 Mitarbeiter von

---

10 Pleitgen wurde später zum Intendanten gewählt.

Eins Live sind selbst unter 30, um von der Zielgruppe als ihresgleichen angesehen zu werden. Die jungen Moderatoren sollen »meinungsfreudig und im positiven Sinne respektlos« (Baars 1998, 73) sein. Dies auch sich selbst gegenüber, so gehören Witzeleien und Geplänkel während oder nach der Präsentation der Stauschau zum Programm. Charakteristisch soll eine ungezwungene Herangehensweise an die Themen sein, nicht aber wollen die Verantwortlichen ausschließlich Jugendthemen ins Programm nehmen. Denn, so hatten Untersuchungen des WDR mit jungen Menschen ergeben, »Jugendliche wollen eines auf keinen Fall, nämlich wie Jugendliche behandelt oder angesprochen werden. Sie wollen nichts sehnlicher, als erwachsen sein« (Baars 1998, 73). So findet im Programm von Eins Live durchaus auch politische Berichterstattung ihren Platz, denn die jungen Hörer werden nicht für unpolitisch gehalten, »nur mit den tradierten parteipolitischen Ritualen in Deutschland können sie wenig anfangen« (Baars 1998, 74). Trotzdem stehen vor allem zwei Themenschwerpunkte im Programm von Eins Live im Vordergrund:

> »[...] erstens alles, was sich um das Thema Beziehung Liebe, Sexualität dreht – das ist das Thema Nummer eins. Das zweite Thema ist: Was wird mal aus mir? Wie sieht meine Zukunft aus? [...] Finde ich einen Job, bekomme ich mal eine Rente, was entwickelt sich aus Terror und Krieg? Mit solchen Fragen haben wir uns zwar schon immer auseinandergesetzt, aber jetzt haben wir noch einmal einen speziellen Fokus darauf gesetzt und versuchen, dieses Thema aus allen möglichen Blickrichtungen im Programm darzustellen, als eine Art Leitmotiv für Eins Live« (Rausch[11] 2004, 1).

Im Mittelpunkt für die Macher des Programms von Eins Live steht die Kommunikation mit den Hörern. Aus E-Mails, Faxen und Anrufen bekommen sie die Informationen, was die jungen Leute gerade bewegt und beschäftigt:

> »Wir registrieren zum Beispiel alles, was an der Hotline kommuniziert wird: Welche Themen sprechen die Leute an, woran wird Kritik geübt, welche Wünsche werden geäußert? Das ist für uns sehr wichtig« (Rausch 2004, 1).

So versteht sich Eins Live nicht nur als Sender, sondern

---

11 Jochen Rausch ist der Programmchef von Eins Live.

»[...] wir verstehen uns auch als Empfänger. Wir versuchen natürlich immer mitzubekommen, was sich in unserer Gesellschaft verändert, welche Themen wichtig werden« (Rausch 2004, 1).

Auch bei von dem Radiosender durchgeführten Veranstaltungen, zum Beispiel auf Partys oder bei Konzerten, sollen die Mitarbeiter nach dem forschen, was die Zielgruppe gerade interessiert. Der Internetauftritt des Senders liefert eine weitere Plattform zur Kontaktaufnahme, über fünf Millionen Zugriffe gibt es hier pro Monat (vgl. Baars 1998, 73).

Durch diese Maßnahmen sollen die Hörer die Möglichkeit bekommen, *gehört* zu werden. Es »[...] hat fast jeder zehnte Eins Live Hörer diese Möglichkeiten schon einmal genutzt, Tendenz steigend. Das bestätigt den Erfolg des interaktiven Konzepts« (Fritz Pleitgen nach: Guntermann 1998, 181). Während das Programm oft sehr locker präsentiert wird und viel Comedy enthält, versuchen die Radiojournalisten von Eins Live gerade bei Katastrophen oder Ereignissen, die viele bewegen, ihre Rolle als Empfänger auszuüben:

»Eins Live hat sich von Anfang an als Sprachrohr, als Kommunikationsplattform für seine Hörer verstanden. Wie wichtig das ist, hat sich zum Beispiel am 11. September [2001] oder nach dem Amoklauf von Erfurt gezeigt. Dass wir unseren Hörern in solchen extremen Momenten die Möglichkeit bieten, ihre Gefühle und Meinungen auszudrücken, ist sicher etwas, das uns von anderen Sendern deutlich unterscheidet« (Jochen Rausch nach: www.einslive.de).

Nach dem Amoklauf in Erfurt habe es nach einem einzigen Aufruf rund 50 000 Anrufe von Hörern gegeben, die ihre Gefühle ausdrücken wollten, so Rausch.

Radio Eins Live macht während der Woche von fünf Uhr morgens bis ein Uhr nachts eigenes Programm, zwischen ein und zwei Uhr nachts läuft die Talksendung *Domian*, die gleichzeitig im WDR Fernsehen ausgestrahlt wird. Am Samstag gibt es zwischen sechs Uhr morgens und zwei Uhr nachts eigene Sendungen, sonntags zwischen sechs Uhr morgens und ein Uhr nachts. Zu den übrigen Zeiten ist auf Radio Eins Live mit Ausnahme der Nachrichtensendungen, die, wie später beschrieben wird, von der ARD zentral produziert werden, nur Musik zu hören. Kein Moderator leitet also durch die Sendungen.

Die unterschiedlichen Sendungen haben verschiedene Inhalte. Sie sind teils offen gestaltet und thematisieren im Wesentlichen das Tagesgeschehen, oder aber sie stehen unter einem bestimmten Motto, zum Beispiel werden in ihnen regionale Bands vorgestellt oder ähnliches.

Stündlich, teilweise auch zweimal in der Stunde[12], werden Nachrichten gesendet:

»Als öffentlich-rechtlicher Radiosender gehören [...] kompetente Nachrichten zu unserem Programm. In die ›Infos‹ investieren wir sehr viel, um da auch wirklich sicher zu sein, und das zahlt sich aus« (Rausch 2004, 3).[13]

Die Musik, für alle Radiosender ein sehr wichtiger Einschaltfaktor[14], ist relativ breit gefächert. Neben aktuellen Titeln kommen auch Nachwuchsbands, Musikgruppen aus der Region oder alternative Musikstile wie zum Beispiel Techno im Programm vor. Allerdings werden außergewöhnlichere Geschmacksrichtungen eher abends in speziellen Sendungen bedient. Marktforschungsuntersuchungen begleiten die Entscheidungen der Musikchefs, welche Titel gespielt werden.

Mittlerweile besteht der Sender Eins Live seit mehr als zehn Jahren. Seit dem Sommer 1997 ist die etwa 50-köpfige Redaktion im Kölner Mediapark zu finden. Mit mehr als 2,7 Millionen Hörern täglich (vgl. www.einslive.de) hat sich Radio Eins Live auf dem Markt etabliert, in der Zielgruppe der 14 bis 29-jährigen hat der Sender mehr Hörer als Radio NRW.[15] So hat es der WDR, nach eigenen Angaben, geschafft, ein Programm für die junge Generation zu entwickeln:

»Dabei gelang es, durch klare Wellenprofile die anderen WDR-Programme in ihrer Akzeptanz nicht zu beschädigen: Eins Live ist jetzt das junge, freche Trendsetter-Radio, WDR 2 der aktuelle Informations-Sender, WDR 3 das E-Musik-orientierte ›Kulturereignis‹, WDR 4 die Schlager-Welle, bei der

---

12 Vgl. Kapitel 4.
13 Auf eine detailliertere Darstellung der Nachrichten wird an dieser Stelle verzichtet, da im Verlauf der Arbeit die Nachrichten auf Eins Live ausführlich behandelt werden.
14 Es wird davon ausgegangen, dass die Mehrheit der Hörer ihren Radiosender wegen der Musik einschaltet, erst sekundär spielen Moderationen und Information eine Rolle. Vgl. hierzu Guntermann 1998, 194.
15 Nach Media Analyse Radio 2004 II: Hörer (14-29 Jahre) pro Durchschnittsstunde (6-18 Uhr): Radio Eins Live: 330 000, Radio NRW 225 000. Die Media Analyse gilt als entscheidende quantitative Studie in Deutschland, vgl. Goldhammer 1995, 127/128.

›Schönes bleibt‹, und bei Radio 5, der Wort-Kultur-Welle, steht der Hintergrund im Vordergrund« (Baars 1998, 74).

3 Radiokommunikation als Massenkommunikation

Nach dem kurzen Abriss über die Entwicklung des Hörfunks in Deutschland und die Beschreibung des Senders Eins Live soll in diesem Kapitel nun die *Sonderform Radiokommunikation* thematisiert werden. Denn, und das ist für diese Arbeit von Interesse, die Kommunikationsprozesse beim Radio unterliegen offensichtlich anderen Besonderheiten als ein Gespräch zwischen zwei oder mehreren sich gegenüber und im Sichtfeld befindlichen Personen. Sowohl auf den Sprecher als auch auf den Hörer wirkt eine Fülle von Einflüssen ein, die teilweise sehr anders gelagert sind als bei einer face-to-face-Kommunikation. So wird in dem folgenden Unterkapitel zunächst reflektiert, wie genau die Kommunikationsprozesse beim Radio aussehen und inwieweit man überhaupt von Kommunikation sprechen darf. Dann werden in Kapitel 3.2 die Rolle des Sprechers und im folgenden Unterkapitel die des Hörers genauer betrachtet.

3.1 Kommunikationsprozesse beim Radio

Im Hinblick auf das Erkenntnisinteresse dieser Arbeit wird dieses Kapitel nur einen kurzen Exkurs in die Tiefen der Kommunikations- und Massenkommunikationstheorien geben. Ich erhebe keinerlei Anspruch auf Vollständigkeit und beschränke mich darauf, die für die Inhaltsanalyse bedeutsamen Besonderheiten der Kommunikation im Radio zu beleuchten.

Spricht man im Alltag von Kommunikation, sind in der Regel Gespräche zwischen zwei oder mehreren sich in einem Raum befindlichen Personen gemeint. Wenn man genauer nachdenkt, zählt man wahrscheinlich auch ein Telefongespräch oder E-Mails dazu. Es geht aber im Regelfall um den Austausch von Inhalten zwischen mindestens zwei Personen. Betrachten wir nun die Kommunikation beim Radio. Ein Sprecher sitzt im Studio und sagt etwas in ein Mikrofon, ohne zu wissen, wer ihm zuhört. Die Hörer hören eine Stimme aus einem technischen Gerät und haben im Regelfall keinen Einfluss auf das, was der Sprecher von sich gibt. Kann man das auch als Kommunikation bezeichnen?

Um zu erörtern, ob Radiokommunikation per definitionem überhaupt als vollwertige Kommunikation angesehen werden kann, bedarf es zunächst einer Klärung des Begriffs *Kommunikation*. Dabei orientiere ich mich an der kommunikationswissenschaftlichen Einführung *Kommunikationswissenschaft* von Roland Burkart (Burkart 1998) sowie am kommunikationstheoretischen Ansatz von Gerold Ungeheuer. Roland Burkart setzt zunächst *soziales Handeln* nach Max Weber mit kommunikativem Handeln gleich (vgl. Burkart 1998, 25). Kennzeichnend ist, dass das Handeln intentional ist, also bewusst auf ein Ziel gerichtet wird und außerdem, diesem subjektiven Sinn nach, auf das Verhalten anderer bezogen ist. Das heißt also, das Handeln wird an einem Beobachter der Handlung orientiert. Weiter liegt nach Burkart Kommunikation dann vor, wenn zwei oder mehrere Menschen

>»ihre kommunikativen Handlungen nicht nur wechselseitig aufeinander richten, sondern darüber hinaus auch die [...] allgemeine Intention ihrer Handlungen (= Bedeutungsinhalte miteinander teilen wollen) verwirklichen wollen und damit das konstante Ziel (= Verständigung) jeder kommunikativen Aktivität erreichen« (Burkart 1998, 32).[16]

Sowohl der Sprecher als auch der Hörer müssen also den Willen haben, sich zu verständigen, und in ihren Handlungen Anstrengungen unternehmen, dieses Ziel zu erreichen. Auch Gerold Ungeheuer betont die Bedeutung (mindestens) beider am Kommunikationsprozess Beteiligten in seinem hörerorientierten Kommunikationsmodell. Er definiert Kommunikation wie folgt:

16 *Verstehen* wird in dieser Arbeit allerdings nicht als Bedingung von Kommunikation gesehen. Deshalb nehme ich auch von Roland Burkarts Aussage: »Von massenmedial vermittelter Kommunikation soll (nur) dann gesprochen werden, wenn das, was ein Kommunikator mitteilen will, von den jeweiligen Rezipienten seiner Aussage auch so verstanden wird, wie es von ihm gemeint war« (Burkart 1998, 171), Abstand mit dem Hinweis auf den von Gerold Ungeheuer geprägten Begriff der Fallibilität von Kommunikation: »Hinsichtlich des Kommunikationserfolgs sind kommunikative Sozialhandlungen fallibel, d.h. es gibt im Prinzip kein gesichertes Wissen über täuschungsfreies Verstehen des Gesagten« (Ungeheuer 1987, 320). Es kann also nie überprüft werden, ob auch wirklich genau das verstanden wird, was der andere meint. Dieses Kriterium, wie Burkart, in die Definition von Massenkommunikation mit hereinzunehmen, würde Kommunikationsforschung unmöglich machen, da nie eindeutig gesagt werden könnte, ob Kommunikation überhaupt vorliegt.

»Kommunikationen sind Veranstaltungen von Sprechern, die beabsichtigen, Hörer bestimmte innere Erfahrungen, Erfahrungen des Verstehens, vollziehen zu lassen« (Ungeheuer 1987, 316).

Der Sprecher gibt dem Hörer also eine Anleitung, nach der dieser sich richten kann:

»jedes Sprachzeichen [ist] *Plan* und *Anweisung* an den Hörer, innere Erfahrungsakte zu vollziehen, von denen der Sprecher annimmt, sie hätten diejenigen Wissens-Inhalte zum Objekt, die er intendiert zu kommunizieren« (Ungeheuer 1987, 316 [Hervorhebungen im Original]).

Ungeheuer unterscheidet innere und äußere Erfahrungen voneinander. Äußere Erfahrungen basieren auf sinnlichen Wahrnehmungen, können daher beobachtet werden; innere Erfahrungen kann nur ein Individuum selbst machen (vgl. Ungeheuer 1987, 307). Verstehen ist daher immer eine innere Erfahrung:

»Die verstehende Erfahrung, auf welche die Kommunikation abzielt, ist innere Handlung des Hörers; die Intention des Sprechers auf das Hörerverstehen ist ebenso innere Erfahrung, die innere Handlung des Sprechers« (Ungeheuer 1987, 316).

Der Hörer lässt sich in einer Kommunikation folglich steuern und bemüht sich gleichzeitig aktiv, unter Einbezug seiner vorher gemachten Erfahrungen, die innere Erfahrung des Verstehens zu vollziehen. Legt man diese Definition von Kommunikation zu Grunde, können die Kommunikationsprozesse beim Radio durchaus als vollwertige Kommunikation aufgefasst werden.

Zwei Voraussetzungen hierfür sollen kurz erläutert werden. Zum einen muss mindestens ein Hörer existieren, damit die Aussagen des Sprechers überhaupt Gehör finden. Das ist bei Radiokommunikation nicht anders als auch bei alltäglicher Kommunikation. Genau aus diesem Grund versuchen die Radiosender auch möglichst viele Hörer zu gewinnen und zu halten. Würden die Kommunikationsversuche der Sprecher scheitern, weil keiner zuhört, ließen sich auch kaum Unternehmen dazu bringen, bei dem betreffenden Sender Werbung zu schalten.

Zum anderen muss der Hörer, wie es auch bei Burkart und Ungeheuer beschrieben wird, aktiv zuhören und eben zu verstehen versuchen (vgl. zum Beispiel Ungeheuer 1987, 317). Das wird an dieser Stelle erwähnt, da Radio oft auch als so genanntes *Begleitmedium* genutzt wird (vgl. Goldhammer 1995, 46). Viele Hörer wollen sich durch Musik unterhalten lassen und entspannen. Sie hören Radio, während sie sich eigentlich mit anderen Dingen beschäftigen, zum Beispiel Auto fahren, arbeiten oder sich mit Freunden unterhalten. Hören sie in diesen Fällen nicht zu, was der Sprecher sagt, und versuchen sie eben nicht, seine Ausführungen zu verstehen, kommt keine Kommunikation zustande.

Sind diese Voraussetzungen gegeben, erfüllen Kommunikationsprozesse beim Radio alle Kriterien der oben erarbeiteten Definition. Der Sprecher richtet seine Aussagen bewusst an den Hörer, er stellt sich also auf ihn ein und bezieht das Ziel, beim Hörer bestimmte Erfahrungen auszulösen, in seine Äußerungen mit ein. Er möchte, dass eine Verständigung zustande kommt, und versucht, dem Hörer eine Anleitung zu geben, an der er die innere Erfahrung des Verstehens vollziehen kann. Der Hörer wiederum wendet sich aktiv den Inhalten der Äußerung des Sprechers zu. Er möchte verstehen, was gesagt wurde, und lässt sich vom Sprecher leiten, begibt sich also in die kommunikative Subjektion des Sprechers (vgl. Ungeheuer 1987, 317). So versucht er, die Aussagen zu verstehen. Radiokommunikation wird demnach in dieser Arbeit als vollwertige Form der Kommunikation angesehen.

Trotzdem gibt es bei dieser Form der Massenkommunikation einige wesentliche Unterschiede zur face-to-face-Kommunikation. Im Folgenden wird versucht, diese Unterschiede und Besonderheiten darzulegen. Denn sie beeinflussen die Rollen der Sprecher und der Hörer, und damit die Arbeit der Radiojournalisten.

Das Radio gehört zu den so genannten technischen Massenmedien. Das bedeutet, die Form der Kommunikation ist dadurch bestimmt, dass Bedeutungsinhalte mittels des tertiären Mediums[17] Radio übertragen werden. Das ist für die

---

17 Burkart unterscheidet zwischen primären, sekundären und tertiären Medien. Primäre Medien sind Medien des direkten Kontakts, zum Beispiel Sprache, Gestik oder Mimik. Sekundäre Medien benötigen auf der Produktionsseite ein Gerät, nicht aber auf der Empfängerseite. Beispiele hierfür sind Briefe, Bücher und Zeitung. Tertiäre Medien nun erfordern sowohl auf der Sender- als auch auf der Empfängerseite ein Gerät. Hierunter fallen eben vor allem die technischen Massenmedien. Vgl. Burkart 1998, 36/37.

Kommunikationsprozesse beim Radio von großer Bedeutung. So bezeichnet Maletzke die Kommunikation bei den Massenmedien als *indirekte Kommunikation* (vgl. Maletzke 1972, 21/22). Es kann also eine räumliche oder zeitliche Distanz zwischen den an der Kommunikation beteiligten Personen geben, beim Radio ist die räumliche Distanz gegeben, der Sprecher sitzt im Studio, der Hörer zu Hause, bei der Arbeit, im Auto oder an anderen Orten. Außerdem richten sich ein oder wenige Sprecher an eine »Vielzahl von Menschen« (Schulz nach Burkart 1998, 165). Diese Menschen sind zunächst einmal für den Sprecher nicht sichtbar:

»›unüberschaubar‹, weil sie zahlenmäßig einen solchen Umfang aufweisen, daß es dem Kommunikator unmöglich ist, direkt (von Angesicht zu Angesicht) mit ihnen zu interagieren; ›heterogen‹, weil diese Menschen ja eine Vielzahl sozialer Positionen bekleiden, und schließlich ›anonym‹, weil das einzelne Mitglied der jeweiligen Rezipientenschaft dem Kommunikator unbekannt ist« (Burkart 1998, 165).

Die Aussagen der Sprecher richten sich also an ein *disperses Publikum*:

»Das disperse Publikum, oder richtiger: disperse Publika sind keine überdauernden sozialen Gebilde. Sie entstehen jeweils von Fall zu Fall dadurch, daß sich eine Anzahl von Menschen einer Aussage der Massenkommunikation zuwendet« (Maletzke 1972, 28).

Die einzige Gemeinsamkeit von dispersen Pulika ist zunächst einmal nur die Beschäftigung mit denselben Aussagen eines bestimmten Mediums, unserem Betrachtungsschwerpunkt nach dem Radio. Ihre Zusammensetzung ist zeitlich bedingt, durch das Ein- und Ausschalten der Radiogeräte seitens der Hörer verändern sie sich ständig. Alles, was die Sprecher sagen, ist folglich an einen nicht quantitativ begrenzten Personenkreis gerichtet. So ist die Kommunikation mittels Massenmedien immer auch öffentlich.

Ein wesentliches Merkmal eines jeden Kommunikationsprozesses ist die Asymmetrie. Während der Sprecher redet, hört der Hörer zu und versucht, dem Sprecher zu folgen und ihn zu verstehen. Das nennt Ungeheuer, wie eben beschrieben, die kommunikative Subjektion des Hörers unter den Sprecher (vgl. Ungeheuer 1987, 317). Trotzdem darf die Rolle des Hörers nicht als passiv unterschätzt werden, denn er ist aktiv an der Kommunikation beteiligt. Er lässt sich steuern und baut mit Hilfe seiner vorausgegangenen Erfahrungen Verständnis auf. In einer face-to-face-Kommunikation begibt sich der Hörer außerdem nur unter eine Fremdführung auf Zeit, denn die Rollen zwischen Sprecher und Hörer werden im Gespräch immer wieder getauscht: Das so genannte *turn-taking*, der Rollenwechsel, findet statt.[18] Das ermöglicht zum Beispiel auch Nachfragen bei Verständnisschwierigkeiten.

Bei der Kommunikation im Radio ist der Rollenwechsel dagegen nicht ohne weiteres möglich. Die Kommunikationsprozesse sind darauf angelegt, dass der Sprecher in den meisten Fällen die Rollenmacht hat und der Hörer nicht zum Sprechen kommt. So ist die Kommunikation im Regelfall einseitig, also stark asymmetrisch. Nur über die verschiedenen Möglichkeiten des Feedbacks kann die Einseitigkeit für kurze Zeit aufgehoben werden. Wie schon im zweiten Kapitel beschrieben, bemüht sich gerade der in dieser Arbeit behandelte Sender Eins Live darum, möglichst vielen Hörern *Gehör* zu geben. Per E-Mail, Anruf oder Fax können die Hörer am Programmgeschehen und damit auch an dem, was der Sprecher sagt, mitwirken. Oft werden die Inhalte der schriftlichen Mitteilungen in den Sendungen verlesen und dann vom Sprecher kommentiert.

Oder aber es werden Hörer am Telefon *on air* genommen, also live zum Moderator ins Studio geschaltet. In diesem Fall hat zwar der Sprecher nach wie vor die größere Rollenmacht, da er bestimmt, wie lange das Gespräch andauert und im Regelfall auch die Thematik leitet, trotzdem aber findet hier eine Kommunikation mit turn-taking statt. Es bleibt aber die stark asymmetrische Komponente der Radiokommunikation mit all ihren Schwierigkeiten für das Verständnis gegeben.

Zusammengefasst definiert Maletzke:

»Unter Massenkommunikation verstehen wir jene Form der Kommunikation, bei der Aussagen öffentlich (also ohne begrenzte und personell definierte Empfängerschaft) durch technische Verbreitungsmittel (Medien) indirekt (also bei räumlicher oder zeitlicher oder raumzeitlicher Distanz zwischen den Kommunikationspartnern) und einseitig (also ohne Rollenwechsel zwischen Aussagendem und Aufnehmendem) an ein disperses Publikum [...] vermittelt werden« (Maletzke 1972, 32).

---

18 Vgl. hierzu Lenke/Lutz/Sprenger 1995, 76-79.

All diese Besonderheiten des Radios als Medium der Massenkommunikation haben nicht unerhebliche Auswirkungen auf die Kommunikation und die Handlungen der beteiligten Personen. So ist vor allem der Verstehensprozess im Vergleich zu einer face-to-face-Kommunikation erschwert. Durch die räumliche Trennung fehlen dem Hörer Mimik und Gestik des Sprechers, um die Aussagen besser zu verstehen. Auch ist Radio, anders als beispielsweise die Zeitung, oft ein Begleitmedium. Das erschwert neben dem schon beschriebenen Phänomen, dass manchmal dem Sprecher gar nicht zugehört wird und somit keine Kommunikation zustande kommt, den Kommunikationsprozess oft auch aus rein akustischen Gründen. Will der Hörer zuhören und verstehen, kann dies aber nicht oder nur schlecht, weil die Nebengeräusche so laut sind, wird die Verständigung erschwert. Der in den meisten Fällen fehlende Rollenwechsel macht ein Nachfragen bei Verständnisproblemen unmöglich. Auf den Sprecher wirken ebenfalls die Besonderheiten der Radiokommunikation, so hat die Öffentlichkeit seiner Aussagen beispielsweise Auswirkungen auf ihn. Es lastet ein ganz anderer psychischer Druck auf dem Sprecher als bei einer unverbindlichen face-to-face-Kommunikation.

Auf all dies wird in den folgenden zwei Kapiteln 3.2 und 3.3 näher eingegangen, die verdeutlichen sollen, welche Einflüsse bei der Radiokommunikation auf den Sprecher und den Hörer wirken.

3.2 Die Rolle des Sprechers

An den Sprecher eines Radiosenders werden von verschiedenen Seiten viele unterschiedliche Erwartungen gerichtet. Da ist einerseits der Sender mit den Vorgesetzten des Sprechers, da ist der Hörer auf der anderen Seite und nicht zuletzt auch der Sprecher selbst, der bestimmte Ansprüche an sich und seine Arbeit hat und ganz eigene Erfahrungen mitbringt.

Betrachten wir zunächst den Sender als mächtige, Einfluss ausübende Instanz für den Sprecher. Für die Entscheidungsträger und Leiter der einzelnen Radiostationen zählen in erster Linie die Einschaltquoten. Je mehr Hörer für das Programm gewonnen werden können, um so wirtschaftlich erfolgreicher ist ein

Sender, denn desto mehr Geld kann mit Werbung verdient werden.[19] Um möglichst viele Hörer zu gewinnen und zu halten, muss ein Programm gesendet werden, das den Hörern gefällt. Das impliziert, dass der Sprecher gute Arbeit verrichten muss, denn wohl niemand lauscht gerne stümperhaften, unprofessionellen Anfängern. Der Sprecher muss im Auftrag des Senders also für Höreransprache sorgen, einen Höranreiz schaffen sowie Hörerbindung gewährleisten, außerdem soll er zwischen dem Programm und dem Hörer vermitteln und den Sender personifizieren, dem Programm daher ein *menschliches Gesicht* geben (vgl. La Roche/Buchholz 1993, 39). Von den Arbeitgebern wird an den Sprecher folglich die Forderung nach Kompetenz und Professionalität herangetragen. Diese kann der Sprecher nur innerhalb der gegebenen Rahmenbedingungen realisieren, so beeinflussen ihn und damit das Programm auch technische Beschränkungen, rechtliche und politische Vorgaben, Programmauftrag, Ziele und Selbstverständnis des jeweiligen Senders.[20]

Professionalität und Kompetenz des Moderators erwarten natürlich auch die Hörer. Die meisten schalten einen bestimmten Radiosender ein, um entweder unterhalten zu werden oder Informationen zu bekommen.[21] Falsche Aussagen, Versprecher oder schlechte Witze des Sprechers tragen nicht dazu bei, dass der Hörer zum Stammhörer wird. In umfangreichen Marktforschungsuntersuchungen wird danach gesucht, was für Erwartungen die Hörer genau an Sprecher im Radio haben. Neben der Forderung nach Kompetenz und Professionalität gehört der Wunsch, einen gut gelaunten Sprecher (vgl. Teichert 1991, 279) mit einer angenehmen Stimme (vgl. Henkel 2005, 10, 519-524) zu hören, dazu.

Auch der Sprecher selbst setzt sich unter Druck. Er will in der Regel seinen Arbeitsplatz behalten und seine Arbeit deswegen gut und professionell verrichten. So möchte er sowohl seinen Vorgesetzten als auch den Hörern gefallen. Dazu gehört, dass er wenig inhaltliche Fehler macht sowie seine Stimme richtig einsetzt und sich so selten wie möglich verspricht. Außerdem bringt sowohl jeder

---

19 Die Preise für eine Werbeminute hängen im Radio, wie auch im Fernsehen, von der Einschaltquote ab.

20 Vgl. hierzu auch Goldhammer 1995, 110-114. Hier werden Determinanten der Programmpolitik zusammengestellt, zu denen auch der Journalist selbst gehört.

21 Musik wird als wichtigster Einschaltfaktor, Nachrichten werden als zweitwichtigster Einschaltfaktor gesehen. Vgl. Arnold 1999, 123/124 oder auch Henkel 2005, 11, 552-557.

Sprecher als auch jeder Hörer individuell im Vorfeld gesammelte Erfahrungen in die Kommunikation mit ein, die ihr Verhalten beeinflussen; so hat jedes Individuum zum Beispiel einen anderen Wissenstand. Darauf wird in Kapitel 4 anhand der Rolle des Nachrichtensprechers näher eingegangen.

Im Folgenden wird versucht, einen kurzen Einblick zu geben, in welcher Form sich die unterschiedlichen Einflüsse auf den Sprecher auswirken. Dabei orientiere ich mich nicht zuletzt an meinen eigenen, als Radiojournalistin gesammelten Erfahrungen.

Hier muss zwischen zwei Varianten des Radiosprechers unterschieden werden. Es gibt den Moderator, der durch eine Sendung führt und sich alle paar Minuten zu Wort meldet, oft mit lockeren, witzigen Inhalten, und den Nachrichtensprecher, der meist stündlich kompakte Informationen in Nachrichtenform verkündet. Viele Einflüsse sind für beide Berufsgruppen gleich. Vor allem die Arbeit der Nachrichtensprecher wird in dieser Arbeit näher untersucht, beginnen wir jedoch zunächst mit dem Moderator.

Der Moderator sitzt oder steht im Studio. Um ihn herum befinden sich viele technische Geräte, in der Regel ein Mischpult und vor ihm ein Mikrofon. Viele Moderatoren müssen sich selbst *fahren*, das bedeutet, dass sie selbst für den technischen Ablauf einer Sendung verantwortlich sind (vgl. Arnold 1999, 302/303). Sie müssen also zur richtigen Zeit die richtigen Knöpfe drücken, um Jingles[22] oder Musiktitel zu starten, die richtigen Regler hochziehen, bevor sie sprechen, Musiktitel in den Computer laden, ausrechnen, wann ihr Einsatz ist und vieles mehr.

Die technische Realisierung läuft mehr oder weniger nebenbei, der Hörer bekommt davon nichts mit, es sei denn, es kommt zu Zwischenfällen (zum Beispiel wenn der Moderator einen falschen Knopf drückt). Auf dem Moderator lastet also der Druck, in dieser Hinsicht alles richtig zu machen, und er kann

---

22 Jingles sind kurze vorproduzierte akustische Elemente mit verschiedenen Funktionen. Der *Thema-Jingle* kündigt etwas an (z.B. Nachrichten). Er ist meist kürzer als sechs Sekunden, enthält musikalische Elemente und eine menschliche Stimme mit der Ankündigung. Der *Trenn-Jingle* setzt etwas von etwas Folgendem ab, er wird zum Beispiel oft zwischen einzelnen Meldungen eingesetzt, fungiert also als oft nicht einmal eine Sekunde langer Trenner. Vgl. La Roche/Buchholz 1993, 195/196.

sich in der Zeit, in der er sich damit beschäftigt, nicht auf seinen nächsten Sprecheinsatz vorbereiten.

Durch seine Tätigkeit im Hörfunkstudio ist der Moderator gleichzeitig abgeschnitten von seinen Kommunikationspartnern, den Hörern. Er kann sie nicht sehen und demnach auch gar nicht wissen, wer alles dem zuhört, was er sagt. So weiß er in der Regel zum Beispiel nicht, ob jemand aus seinem Freundes-, Bekannten- oder Familienkreis unter den Hörern ist, was ihn vielleicht entspannen würde oder noch mehr unter Druck setzen könnte. Da er nicht mit einem anderen Menschen, sondern mit sehr vielen kommuniziert, muss er seine Aussagen auch an eben eine große Masse richten. Das heißt, er kann sich nicht auf einen konkreten Kommunikationspartner einstellen, den er möglicherweise kennt und um dessen Vorlieben er weiß, sondern er muss sehr viele Hörer auf einmal bedienen. Trotzdem ist es wichtig, dass der Sprecher sich an jeden einzelnen Hörer wendet, ihn anspricht und bewegt:

»Der Sprecher, der Moderator einer Sendung, die etwa 500 000 Menschen erreicht, spricht nicht zu einer Menge von 500 000 Personen. Er wendet sich vielmehr 500 000 mal an einen einzelnen. [...] Die ganz unmittelbare persönliche Ansprache ist es also, die das Verhältnis zwischen Sprecher und Hörer ausmacht« (Arnold/Verres 1989, 7).

Deswegen werden von den verschiedenen Radiostationen umfangreiche Untersuchungen über ihre Hörer angestellt, möglichst viele Informationen über ihre Vorlieben und Gewohnheiten sollen gesammelt werden.[23] Nach Steiner gibt es zum Beispiel die Sekundärforschung, in der Daten zur soziodemografischen Hörerstruktur gewonnen werden; außerdem werden Reichweiten analysiert. In der Grundlagenstudie wird dann nach qualitativen Daten über die Gewohnheiten der Hörer, ihre Bedürfnisse und Erwartungen sowie die Stärken und Schwächen eines Senders geforscht. Schließlich gibt es noch die Marktsegmentierung, in der Hörer-Typologien entworfen werden (vgl. Steiner nach: Goldhammer 1995, 121). Mit Hilfe der Untersuchungsergebnisse soll unter anderem dem Moderator die Kommunikation mit dem einzelnen Hörer erleichtert werden,

---

23 Der Radiosender Eins Live beispielsweise hat kurz vor dem Entstehen dieser Arbeit eine qualitative Höreranalyse durchführen lassen, auf die mir leider der Zugriff verwehrt blieb.

indem er sich seine Kommunikationspartner besser vorstellen kann. Die Typisierung eines Durchschnitthörers birgt allerdings gleichzeitig die Gefahr, dass sehr viele potenzielle Hörer mit ihren Vorlieben nicht unter diesen Typus fallen. Trotz der umfangreichen Forschung, die zur besseren Klassifizierbarkeit der Zielgruppe angestellt wird, bleibt der Umstand mit Schwierigkeiten für den Moderator verbunden, dass er seine Kommunikationspartner nicht vor sich hat und auch nicht viel über sie weiß. Selbst wenn er den *typischen* Hörer mit seinen Gewohnheiten aus den Untersuchungen kennt, weiß er, dass es Hörer gibt, die diesem Typus nicht entsprechen.

Eine weitere Schwierigkeit für Moderatoren ist, dass sie sehr natürlich klingen müssen, als würden sie sich gerade mit dem Hörer unterhalten: »Mit dem einzelnen Hörer reden, das ist moderieren. Moderieren heißt nicht, dem Hörer eine Rede halten« (La Roche/Buchholz 1993, 40). Das ist gerade bei abgelesenen Texten nicht einfach. Ein Moderator muss oft mehrere Zeilen Text - manchmal noch nicht einmal von ihm selbst verfasst - vorlesen, und zwar so, dass es klingt, als würde er gerade frei sprechen. Deswegen wird Moderatoren empfohlen, möglichst nur Stichworte vorzuschreiben. Gerade bei dem in dieser Arbeit untersuchten Sender Eins Live ist sicherlich auch ein großer Teil der Rede eines Moderators improvisiert (zum Beispiel das schon erwähnte Geplänkel während oder nach der Präsentation der Stauschau, oder Live-Gespräche mit Hörern am Telefon oder auch Gespräche mit Mitgliedern einer Musikband im Studio); es bleibt aber der Zwang zum munteren Vortragen von teilweise vorgegebenen Texten, mindestens aber vorgegebenen Themen. Ein Moderator kann in den seltensten Fällen erzählen, worauf er gerade Lust hat oder was ihn bewegt, vielleicht dass seine Großmutter vor ein paar Tagen ins Krankenhaus gekommen ist oder seine Schwester Mutter geworden ist. Er muss professionell Themen umsetzen und in vielen Fällen wohl auch für etwas einstehen, was vielleicht gar nicht seiner eigenen Meinung entspricht. Fremdgeschriebene Texte und Meinungen muss er im *Gespräch* mit dem Hörer als seine eigenen, *natürlichen* Gedanken herüberbringen.

Ein entscheidender Unterschied zum Lesen ist beim Radiohören die fehlende Zeichensetzung (vgl. La Roche/Buchholz 1993, 55/56). Das muss der Sprecher ausgleichen, indem er besonders deutlich betont. Außerdem soll er möglichst viel Mimik und Gestik einsetzen - obwohl dies den Hörer visuell nicht beim

Verstehensprozess unterstützt, da der Sichtkontakt fehlt. Der Einsatz von Mimik und Gestik hilft dem Sprecher jedoch, sich in eine natürliche Sprechsituation zu versetzen, denn in alltäglichen Gesprächen werden diese Gebärden ebenfalls eingesetzt.

Nicht zuletzt setzt auch die bei der Radiokommunikation gegebene Öffentlichkeit der Aussagen die Sprecher unter Druck. Alles was sie sagen, ist nicht nur (meist) live und damit nicht mehr rückgängig zu machen, sondern wird auch auf Tonband oder anderen Medien festgehalten und gespeichert, zumindest vom Sender selbst. Macht der Sprecher Fehler, kann er von vielen Menschen, allen voran von seinem Chef, darauf aufmerksam gemacht werden und negative Sanktionen dafür erhalten. Der Moderator hat gleichzeitig eine große Macht, aber auch eine sehr große Verantwortung. In einer alltäglichen face-to-face-Kommunikation hat man ganz andere Möglichkeiten, brenzligen Situationen auszuweichen. Ist man sich einer Sache nicht ganz sicher, kann man sie zum Beispiel trotzdem felsenfest behaupten; denn, gibt es nur einen Gegenüber, ist die Chance recht groß, dass er es auch nicht besser weiß. Oder aber man gibt zu, nicht ganz sicher zu sein. All dies kann sich der Moderator nicht erlauben. Von ihm wird erwartet, dass er informiert ist und richtige Informationen verbreitet, ansonsten wirkt er unglaubwürdig und die Hörer schalten im Regelfall ab. Der Moderator steht also vor jedem sprachlichen Einsatz im Programm unter Druck, das Richtige, in der richtigen Anmutung, in richtiger Länge, natürlich wirkend und ohne Versprecher zu sagen.

Beim Nachrichtensprecher gibt es einige Unterschiede. So muss er sich oft nicht mit der Technik auseinandersetzten, sondern wird vom Moderator *gefahren*, dies gilt aber nicht immer und ist von Sender zu Sender verschieden. Der Nachrichtensprecher hat im Gegensatz zum Moderator immer Texte vor sich, die er ablesen muss. Oft sind sie von Kollegen geschrieben worden, was eine zusätzliche Schwierigkeit darstellt. Allerdings bekommt der Sprecher die Texte in der Regel so früh, dass er sie noch durchlesen und gegebenenfalls ändern kann. Beim Ablesen der etwas längeren Texte entfällt für den Nachrichtensprecher der Umstand, dass er wirken muss, als wäre er gerade in ein lockeres Gespräch mit dem Hörer verwickelt. Er darf etwas *abgelesen* klingen, sollte aber dennoch natürlich wirken und eine angenehme Stimme haben. An die Nachrichtensprecher wird der Anspruch gerichtet, seriöse, richtige und wichtige Informationen zu verbreiten. Sie präsentieren weitaus mehr Fakten als Moderatoren, die gut recherchiert sein müssen. Diese Informationen müssen die Nachrichtensprecher sehr verständlich aufbereiten und langsam und deutlich vorlesen, um dem Hörer Verständnis zu ermöglichen.

Genau wie der Moderator, befindet sich der Nachrichtensprecher in der Situation, dass er in einem Studio arbeitet und nicht weiß, wer ihn hört. Und auch ihn setzt die Öffentlichkeit seiner Aussagen wahrscheinlich unter Druck. Auf die Arbeit der Nachrichtensprecher wird am Beispiel des in dieser Arbeit untersuchten Radiosenders in Kapitel 5 noch näher eingegangen.

3.3 Die Rolle des Hörers

Die Rolle des Hörers soll in dieser Arbeit ebenfalls kurz angerissen werden. Denn er spielt für das Erkenntnisinteresse insofern eine entscheidende Rolle, als er den Mittelpunkt für die Radio-Macher bildet. Die Verantwortlichen beim Radio richten ihr gesamtes Verhalten an dem Hörer aus. Sie möchten Hörer gewinnen und an sich binden, deswegen versuchen sie, die Hörer möglichst zufrieden zu stellen. Ohne jemanden, der zuhört, kann Radio nicht funktionieren. Es kommt keine Kommunikation zustande und kein Unternehmen platziert bei dem entsprechenden Sender Werbung. Um möglichst viele Hörer gewinnen zu können, werden, wie schon erwähnt, zahlreiche Untersuchungen über sie, beziehungsweise über die Zielgruppe eines Senders angestellt. Es ist also wichtig, sich bewusst zu machen, dass die Radiosprecher immer den Hörer in ihre Handlungen einbeziehen. Sie versuchen, Kommunikation mit den Hörern zu Stande zu bringen.

Das Zuhören ist, wie oben schon thematisiert, eine aktive Leistung. Zwar kann der Radiohörer in der Regel nicht die Thematik und Abfolge der Kommunikation bestimmen, da Radiokommunikation stark asymmetrisch ist, außerdem muss er sich der Steuerung des Sprechers fügen, aber der Hörer versucht aktiv die Verstehensleistung zu vollziehen. Genau wie der Sprecher bringt auch er seine eigenen, im Vorfeld gesammelten und biografisch bedingten Erfahrungen und seine Persönlichkeit, also seine individuelle Welttheorie in den Kommunikationsprozess mit ein (vgl. Ungeheuer 1987, 308-312). Das erschwert das Verstehen, da bei Hörer und Sprecher nicht der gleiche Wissensvorrat vorausgesetzt werden kann. Gerade beim Massenmedium Radio ist Verstehen oft nicht einfach. Im Gegensatz zum Fernsehen fehlen die den Verstehensprozess unterstützenden Bilder, im Unterschied zur Zeitung kann man kein individuelles *Lesetempo* bestimmen oder noch einmal nachlesen, falls man etwas nicht verstanden hat.[24]

Bei Nachrichten im Radio wird nun sehr kompakt viel Information verbreitet. Es gibt zahlreiche wissenschaftliche Untersuchungen über das Rezipientenverhalten, zum Beispiel über das Aufnahmevermögen eines Hörers oder die Erinnerungs-Faktoren bei Radiobeiträgen.[25] Sie orientieren sich unter anderem an Fragen wie: Wie viel Information kann ein Hörer behalten? Welche Faktoren unterstützen das Einprägen von Informationen, welche sind eher hinderlich? Sollten Nachrichten eher langsam oder schnell gesprochen werden? Sollten besser viele kurze oder wenige lange Themenblöcke verlesen werden? Sollte sie von einem oder zwei Sprechern vorgetragen werden? Sollte ein Musikteppich verwendet werden oder nicht? Gerade diese nachrichtenrelevanten Aspekte sind, allerdings im Hinblick auf die Produzenten der Nachrichten, Thema der folgenden Inhaltsanalyse. Wichtig ist festzuhalten, dass der Hörer also versuchen muss, möglichst schnell das zu verstehen und behalten, was im Radio gesagt wird, da er keinen Knopf drücken kann, der das Gesagte wiederholt.

Das Medium Radio wird von den Hörern, wie schon beschrieben, oft als Begleitmedium genutzt: »Rund 70 Prozent hören am Tag Radio entweder nur ›halb‹ oder ›konzentrieren sich dabei auf andere Dinge‹« (Goldhammer 1995, 46). Sie hören erst dann aktiv zu und versuchen, das Gesagte zu verstehen, wenn es sie interessiert (vgl. Teichert 1991, 278). Nur in diesem Fall kommt Kommunikation zustande. Mendelsohn stellt 1964 den Nutzen des Hörfunks in vier Punkten zusammen:

---

24 Vgl. zu den Unterschieden zwischen Lesen und Hören auch La Roche/Buchholz 1993, 55/56.
25 Vgl. zum Beispiel Kindel 1998.

»Er stellt nützliche Nachrichten und Informationen zur Verfügung, begleitet
über den Tag, hilft bei der Lösung psychischer Spannungen und bietet eine
angenehme Gesellschaft« (Mendelsohn nach: Goldhammer 1995, 47/48).

So können dem Radio die »Informations- bzw. Wissensfunktion, Ablenkungsfunktion und Entspannungsfunktion« (Goldhammer 1995, 48) zugeschrieben
werden. Gerade der Informationsfunktion kann das Radio aufgrund seiner
Aktualität gut nachkommen. Aber auch die Entspannungs- und
Ablenkungsfunktion sind wichtige Einschaltfaktoren:

»Hörfunk wird als begleitender Stimmungsmodulator eingesetzt, zur
Unterstützung des psychischen Wohlbefindens bei der Arbeit und bei anderen
Tätigkeiten. Gerade bei der Alltagsroutine, die nicht die ganze Aufmerksam-
keit erfordert« (Franz/Klingler nach: Goldhammer 1995, 49).

So kann man beim Radiohören noch etwas anderes tun, es wirkt aufheiternd
und hilft dabei, sich nicht alleine zu fühlen. Durch die Entspannungsfunktion
trägt Radio zum Stressabbau, vor allem des Alltagsstresses, bei. Hörer nutzen das
Radio also aus sehr unterschiedlichen Beweggründen, deswegen lässt sich auch
vermuten, dass ihre Motivation, Kommunikation mit den Sprechern einzuge-
hen, sehr unterschiedlich ist. Die Ausgangssituationen und Voraussetzungen für
die zustande kommenden Kommunikationen sind daher sehr verschieden.

Die Wirkungen des Radios auf den Hörer können vielfältig sein (vgl. Burkart
1998, 186). Die Aussagen des Sprechers vergrößern nicht nur das Wissen des
Hörers und können seine Einstellungen und Meinungen beeinflussen, sondern
sie können auch Verhaltensänderungen auslösen und auf den emotionalen sowie
psychischen Bereich einwirken.[26] Dass sich die Hörer durchaus sehr oft emotio-
nal angesprochen fühlen, zeigt sich in der Form des Feedbacks, also der
Rückmeldung.[27] Das Feedback ist die Möglichkeit des Hörers, die Asymmetrie

---

26 In dieser Arbeit soll nicht näher auf die Wirkung der Medien beziehungsweise die
Medienwirkungstheorien eingegangen werden. In der Literatur gibt es hierzu
zahlreiche Werke, vgl. zum Beispiel Burkart 1998, 183-258.

27 Das zeigt sich am Beispiel des Senders Eins Live an der Reaktion der Hörer nach dem
Amoklauf in einer Schule in Erfurt: »Damals hatten wir teilweise auf einen einzigen
Aufruf zu einem Call-In innerhalb weniger Minuten rund 50.000 Anrufversuche – so
viele Menschen wollten dazu etwas sagen, ihre Gefühle und Meinungen ausdrücken«
(Rausch 2004, 3).

des Kommunikationsprozesses beim Radio kurzzeitig auszugleichen. Burkart unterscheidet zwischen dem direkten und indirekten Feedback (vgl. Burkart 1998, 70). Das direkte Feedback beim Radio umfasst zum Beispiel Anrufe von Hörern, E-Mails, Faxe, Briefe oder auch das direkte Ansprechen von Mitarbeitern bei vom Sender organisierten Veranstaltungen. Auch fallen darunter informelle Bewertungen von Kollegen und öffentlich geübte Kritik. Die indirekte Rückmeldung des Radiohörers ist das Abschalten. Indirektes Feedback wird aber nicht nur vom Hörer ausgeübt, sondern es beinhaltet

»[…] auch die Antizipation der Rezipientenrolle durch den Journalisten und die in diversen Untersuchungen im Rahmen von Publikumsforschung […] erhobenen Daten über das Rezeptionsverhalten des Publikums« (Burkart 1998, 70).

Hier wird erneut die entscheidende Rolle des Hörers für den Sprecher und die Programmverantwortlichen deutlich, denn sowohl die sinkenden Einschaltquoten als auch die Ergebnisse der Marktforschung beeinflussen den Sprecher und bewegen ihn dazu, sich in seiner Arbeit auf die Hörer einzustellen.

4 Hörfunknachrichten

Nachdem nun die Rollen der am Kommunikationsprozess beim Radio beteiligten Personen näher beleuchtet worden sind, wende ich mich in diesem Kapitel der Darstellungsform *Nachrichten* im Hörfunk zu. Auf einer theoretischen Basis soll hier versucht werden, allgemein gültige Kriterien darzustellen, denen Radionachrichten unterliegen, bevor in den weiteren Kapiteln dann der Blick konkret auf die Nachrichten von Radio Eins Live gelenkt wird.

In Anlehnung an die später folgende Inhaltsanalyse[28] werden in Kapitel 4.1 zunächst die Nachrichtensendungen thematisiert. Hier entwickle ich eine Arbeitsdefinition des Begriffs *Nachrichten*, die mit den formalen Eigenschaften einer Nachrichtensendung zusammenhängt. In Kapitel 4.2 werden die einzelnen Meldungen näher betrachtet und sowohl inhaltliche als auch formale Aspekte an ihnen beleuchtet. Auch die Thematik der Nachrichtenauswahl ist wichtig und soll in Kapitel 4.2.2 kurz betrachtet werden. In Kapitel 4.3 schließlich wird die Sprache der Hörfunknachrichten thematisiert, der Blick also auf die einzelnen Sätze gelenkt.

4.1 Die Nachrichtensendungen

Da sich diese Arbeit mit Nachrichten im Hörfunk beschäftigt, werden hier auch ausschließlich Hörfunknachrichten betrachtet und definiert. Sie werden als »eine nach bestimmten Regeln gestaltete journalistische Darstellungsform« (Schulz 2000 A, 307) angesehen. Die Begriffsbestimmung von Radionachrichten richtet sich in dieser Arbeit nach rein formalen Kriterien. In der Literatur sind unzählige Definitionen des Begriffs *Nachrichten* zu finden (vgl. Weischenberg 2001, 17). Oft sind Qualitätsansprüche an Nachrichten, wie beispielsweise politische Ausgewogenheit, Aktualität oder Objektivität, ein Bestandteil der Definition. Da aber unter anderem genau diese inhaltlichen Aspekte später in dieser Arbeit

---

28 Die Analyse erfolgt anhand der drei Analyseeinheiten *Nachrichtensendungen*, *Meldungen* und *Sätze*.

untersucht und deren Realisierung überprüft werden soll, wähle ich eine formale Begriffsbestimmung von Nachrichten. Sie wird in diesem Unterkapitel mit Hilfe der Beschreibung der formalen Gestaltungsmöglichkeiten entwickelt. Erst im Anschluss werden die Ansprüche, die an Nachrichten gerichtet werden, betrachtet.

Wichtig für das Verständnis ist die Feststellung, dass mit dem Terminus *Nachrichten* beim Hörfunk zwei verschiedene Dinge gemeint sind: »Zum einen die komplette Nachrichtensendung und zum anderen die einzelnen Beiträge innerhalb einer Nachrichtensendung« (Kindel 1998, 16). Als Nachrichten werden also entweder eine oder auch mehrere Nachrichtensendungen im Ganzen, oder aber die einzelnen Elemente, also die Nachrichtenbeiträge, aus denen die Sendungen bestehen, bezeichnet. Welche Form die Nachrichtenbeiträge haben können, wird später in diesem Kapitel geklärt. Auch in der vorliegenden Arbeit stehen die beiden Bedeutungen gleichberechtigt nebeneinander, denn da sowohl in der Literatur als auch im alltäglichen Sprachgebrauch zwischen ihnen nicht unterschieden wird, war hier eine Trennung nur schwer möglich. Die konkrete Bedeutung muss und kann ohne Probleme aus dem Kontext erschlossen werden.

Ein entscheidendes Kriterium für Radionachrichten ist, wie Klaus Schönbach und Lutz Goertz herausstellen, dass sie rein formal als solche zu erkennen sein müssen:

>»Gute Nachrichten sollten klar von anderen Programmteilen zu unterscheiden sein. Ihr Informationscharakter sollte betont, auf klare Trennung zwischen Unterhaltung und Berichterstattung Wert gelegt werden« (Schönbach/Goertz 1995, 107).

Hier wird der Anspruch einer klaren Unterscheidung zwischen Moderationen und Nachrichtensendungen deutlich. Nachrichten sollen demnach beschreiben, nicht bewerten. Dass Nachrichten für einen Radiosender sehr wichtig sind, kann daran ersehen werden, dass sie nach der Musik als wichtigster Einschaltfaktor gesehen werden (vgl. Arnold 1999, 123/124 oder Henkel 2005, 11, 549-562). Deswegen werden die Werbeblöcke in der Regel auch vor den Nachrichtensendungen platziert. Die formale Unterscheidbarkeit von Radionachrichten gegenüber anderen Programminhalten wird dadurch gesichert, dass Nachrichtensendungen einem ganz bestimmten und innerhalb eines Senders immer gleichen Schema unterliegen. Diese Schemata und Abläufe sollen im Folgenden beschrieben werden.

Die Nachrichtensendung, auch Nachrichtenblock genannt, besteht aus mehreren Nachrichtenbeiträgen, die einmal oder manchmal auch zweimal stündlich verlesen werden. Hörfunknachrichtensendungen zeichnen sich also dadurch aus, dass sie periodisch sind:

»Das heißt für diese Sendungen gibt es feste Sendeplätze – bei den öffentlich-rechtlichen Programmen in der Regel zur vollen Stunde, zu bestimmten Tageszeiten zusätzlich auch zur halben Stunde« (Kindel 1998, 16).

Diese festen Sendezeiten haben zwei Funktionen: Zum einen weiß der Hörer, der informiert werden will, wann er einschalten muss, zum anderen stellen sie das Skelett für das gesamte Radioprogramm dar (vgl. Hoiss/Tschech 1975, 207). Die Nachrichtensendungen werden als solche angekündigt: »Der Start einer Nachrichtensendung wird durch immer die gleichen akustischen Zeichen gekennzeichnet« (Kindel 1998, 16). Bei dem in dieser Arbeit untersuchten Radiosender Eins Live übernimmt diese Funktion der jeweilige Moderator, oft mit der Formulierung *ich bin xy und da sind die Infos*. Bei dem zum Vergleich betrachteten Sender WDR 2 gibt es vor den Nachrichten einen Thema-Jingle, bei dem eine Stimme mit den Worten *WDR 2-Nachrichten* zu hören ist. Bei vielen Sendern wird auch die Uhrzeit genannt und der oder die Sprecher stellen sich namentlich vor. Einige Radiostationen lassen danach Schlagzeilen verlesen, welche die später vorgetragenen Meldungen *überschriftenartig* in wenigen Worten zusammenfassen (z.B. *Benzin wird teurer*). Schlagzeilen werden nach La Roche und Buchholz verwendet, um den Hörer an das Thema heranzuführen und ihm das Verstehen zu erleichtern (vgl. La Roche/Buchholz 1993, 89). Sie gelten als eine Form der Nachrichtenbeiträge. Ein Nachrichtenblock ist meistens zwischen einer und zwölf Minuten lang (vgl. Kindel 1998, 17) und umfasst, wie schon beschrieben, mehrere, thematisch voneinander getrennte Nachrichtenbeiträge, in der Regel zwischen drei und acht. Die häufigste Form eines Nachrichtenbeitrages und gleichzeitig der Kern einer Nachrichtensendung sind die Meldungen. Meldungen sind nach Kindel meist zwischen 20 und 50 Sekunden lang (vgl. Kindel 1998, 17). Sie beinhalten ein bestimmtes Thema und werden von einem Nachrichtensprecher vorgelesen. Oft werden sie durch Trenn-Jingles, Pausen oder Ortsmarken[29] voneinander getrennt. Das ist auch zur Trennung zwischen den Schlagzeilen und den Meldungen sowie von Meldungen und Wettervorhersage üblich.

Wetter und Verkehrsdurchsagen sind ebenfalls Nachrichtenbeiträge, sie müssen allerdings nicht unbedingt vom Nachrichtensprecher, sondern können auch vom Moderator vorgetragen werden. In der Regel bildet der Verkehrsservice den Schluss einer Nachrichtensendung.

Zusammenfassend sollen also unter Nachrichten in dieser Arbeit sowohl jeder Nachrichtenblock verstanden werden, der meist zur vollen Stunde, manchmal auch zur halben Stunde, von einem Nachrichtensprecher vorgelesen wird, als auch die Nachrichtenbeiträge innerhalb einer Nachrichtensendung, zum Beispiel Schlagzeilen, Meldungen und Wetter. Beginn der Nachrichtensendung ist die Ankündigung der Nachrichten durch einen Thema-Jingle oder durch den Moderator oder Nachrichtensprecher selbst. Das Ende wird durch den Start des nachfolgenden Musiktitels markiert, sowie dadurch, dass entweder niemand mehr redet oder aber der Moderator die Themen der folgenden Sendung vorstellt.

Einige Radiosender wählen für die Präsentation ihrer Nachrichten das Prinzip des Sprecherwechsels, hier gibt es also zwei sich abwechselnde Nachrichtensprecher. Die Aufteilung, welcher Sprecher was liest, kann nach verschiedenen Kriterien erfolgen. Die beiden Sprecher können sich beispielsweise rein formal abwechseln, jeder liest eine Meldung. Eine andere Möglichkeit ist, die Aufteilung nach Themen erfolgen zu lassen: Der eine liest die Politik-, der andere die Sportmeldungen. Oder aber der eine »[...] liest die Fakten, der andere liefert die Faktendimensionierung, also Vorgeschichte, Zusammenhänge, Hintergrund« (La Roche/Buchholz 1993, 94). Der Sprecherwechsel der oft verschiedengeschlechtlichen Nachrichtensprecher soll die Aufmerksamkeit der Hörer erhöhen. Er ist aber wegen mangelnder empirischer Belege und des höheren Personalkostenaufwands umstritten.

Unterschiede zwischen den Sendern gibt es ebenfalls in der Verwendung von Musikteppichen. Musikteppiche »sind einfache akustische Elemente, die während der Nachrichtensendung im Hintergrund zu hören sind« (Kindel 1998, 151).

---

29 Wenn vor der eigentlichen Meldung der Name des Ereignisortes genannt wird, zum Beispiel: *Berlin: Bundeskanzler Schröder hat am Abend...*, gilt dies als Ortsmarke.

Ihre Wirkung ist noch nicht eindeutig erforscht.[30] Vor allem Privatsender machen von Musikteppichen Gebrauch. Sie steigern die Dynamik einer Nachrichtensendung, verführen aber gleichzeitig die Sprecher zu einem zu hohen Sprechtempo.

4.2 Die Meldungen

Im Folgenden werden die einzelnen Meldungen der Nachrichtensendungen betrachtet. Zunächst wende ich mich formalen Aspekten zu, dann folgen inhaltliche Kriterien und allgemeine Ansprüche an die Meldungen. Schließlich bildet auch die Auswahl der in eine Nachrichtensendung hereingenommenen Ereignisse einen wichtigen Aspekt, der in diesem Kapitel erläutert wird.

4.2.1 Formale und inhaltliche Aspekte

Innerhalb einer Nachrichtensendung gibt es mehrere Meldungen, wie schon erwähnt meist zwischen drei und acht, und oft jeweils weniger als 50 Sekunden lang (vgl. Kindel 1998, 17), die in einer bestimmten Reihenfolge vorgelesen werden. In der Regel wird mit der, nach Einschätzung der Journalisten, wichtigsten Meldung begonnen. Sie ist der *Aufmacher* der Nachrichtensendung. Die Aufmerksamkeit der Hörer ist am Anfang der Nachrichtensendung am höchsten, und jeder will an erster Stelle die wichtigste Nachricht hören. Allerdings kommt es vor, dass der *Aufmacher*, ist er schon mehrere Male gelaufen, im nächsten Block auf die Position zwei oder noch weiter nach hinten rückt. Das passiert aus dem Grund, dass es für die Hörer, die mehrere Stunden Radio hören, langweilig wäre, jede Stunde das gleiche Nachrichtenthema an erster Stelle zu hören. Im Unterschied zur Zeitung ist in der Nachrichtenredaktion jede Stunde

---

30 Andreas Kindel untersucht mehrere der angesprochenen Phänomene (vgl. Kindel 1998, 143-162). Er stellt sowohl bei dem Einsatz von Sprecherwechseln als auch bei der Verwendung von Musikteppichen sowie beim Einsatz von Original-Tönen (vgl. Kapitel 4.2) keine eindeutige Steigerung der Erinnerungsleistung der Hörer fest.

Redaktionsschluss. Das Prinzip *das Wichtigste zuerst* wird in diesem Fall vom Prinzip *das Neuste zuerst* abgelöst (vgl. Arnold 1999, 134). Ist der Aufmacher aber nach wie vor von großer Bedeutung, wird oft eher versucht, einen neuen Aspekt dieses Themas nach vorne zu stellen:

»In der Regel entwickelt sich ein Thema, das zum Aufmacher geworden ist, weiter. Zu politischen Themen gibt es Reaktionen; bei kriegerischen Auseinandersetzungen entwickelt sich die militärische Lage weiter; zu einer Katastrophe gibt es neue Einzelheiten über Zahl der Opfer, Ursache usw.« (Arnold 1999, 134).

In jedem Fall kommt der ersten Meldung einer Nachrichtensendung eine besondere Bedeutung zu, daneben gibt es nach Arnold zwei weitere herausragende Stellungen in einer Nachrichtensendung, nämlich die Position zwei und die letzte Position:

»Position zwei ist attraktiv, weil die Aufmerksamkeit des Hörers von der Aufmachermeldung her noch vorhanden ist und zumindest der Beginn der zweiten Meldung noch verfolgt wird [...]. Die letzte Position ist deshalb wichtig und hat mit großer Wahrscheinlichkeit die Aufmerksamkeit der Hörer, weil danach der Wetterbericht kommt« (Arnold 1999, 135).

Allerdings muss hier angemerkt werden, dass der Hörer nicht wissen kann, welche die letzte Meldung ist, da die Anzahl der Meldungen von Sender zu Sender und auch innerhalb eines Senders oft variiert.

Neben der Positionierung und damit auch Gewichtung der einzelnen Nachrichtenbeiträge in der Sendung ist auch der Aufbau und damit die Gewichtung innerhalb der einzelnen Meldung von großer Bedeutung. Hier gilt konsequent: »Das Wichtigste steht am Anfang« (La Roche/Buchholz 1993, 75). Begonnen wird die Meldung mit dem *Leadsatz* nach dem so genannten *Leadsatzprinzip*: »Im ersten Satz nur das wirklich Wesentliche, nur das, was der Hörer behalten, wiederholen und – möglichst wörtlich – weitersagen kann« (La Roche/Buchholz 1993, 75). Dafür gibt es nach La Roche und Buchholz zwei Gründe. Zum einen kann der Hörer

»[...] seine Aufmerksamkeit auf die Meldungen konzentrieren, die ihn wirklich interessieren. [...] Wenn ihn das nicht fesselt, darf er eine geistige Pause einlegen bis zur nächsten Nachricht« (La Roche/Buchholz 1993, 77).

Zum anderen sollen Nachrichten möglichst einfach gekürzt werden können, indem immer der letzte Satz weg gestrichen wird, solange, bis im Extremfall nur noch der Leadsatz übrig bleibt. Deswegen gilt als Aufbauprinzip für Radionachrichten auch die *umgekehrte Pyramide*:

»Dieses Bild soll anschaulich machen, daß das (Ge-) Wichtige, der Informationskern, an den Anfang gehört. Informationen zur Erläuterung (z.B. ältere Informationen) sowie Einzelheiten folgen später« (Weischenberg 1988, 46).

Werner Meyer entwickelte das Grundmuster für den Aufbau von Nachrichten:

»Zuerst der *Kern*, im zweiten Satz die *Quelle* (sofern es sich nicht um ein öffentliches Ereignis handelt, z.B. einen Sportwettkampf oder den Empfang eines Staatsgastes), - dann die *Einzelheiten*, schließlich die *Hintergründe* und *Zusammenhänge*« (La Roche/Buchholz 1993, 78 [Hervorhebungen im Original]).

Meldungen haben verschiedene Formen. Häufig wird die *trockene Meldung* verwendet, in der mehrere Sätze hintereinander vorgelesen werden. In den Meldungen können auch Original-Töne[31] enthalten sein. Ein O-Ton ergänzt die Meldung mit einer Original-Stellungnahme; er ist das Zitat des Radios. Die O-Töne sollten möglichst eine Länge von einer Minute nicht überschreiten und keine Doppelungen darstellen zu dem, was der Nachrichtensprecher in seiner Meldung vor oder nach dem Ton sagt. Nachrichtenredakteure sollten aufpassen, O-Töne nicht zum Selbstzweck einzusetzen, denn

»[...] die Verwendung von O-Tönen [verändert] die Gewichtung einer Sendung [...]. Beim Zuhörer erhält das Thema, das mit O-Tönen dargestellt wird, sehr leicht ungewollt ein größeres Gewicht als eine geschriebene herkömmliche Meldung« (Arnold 1999, 157).

Die Verwendung von Originaltönen ist nicht unumstritten:

---

31 Original-Töne sind im Studio geschnittene Aufnahmen von Aussagen bestimmter Personen. Oft kommen Politiker oder auch Sportler zu Wort.

»Befürworter sagen, O-Töne machen die Nachrichten authentischer, unmittelbarer und lebendiger. Kritiker halten dem entgegen, daß O-Töne die Nachrichten subjektiver machen, zuviel Zeit und Geld kosten und dazu verführen, ein Thema in die Nachrichtensendung zu nehmen, nur weil ein O-Ton vorliegt« (Kindel 1998, 143).

Auch Aufsager[32] oder Korrespondentenberichte[33] können in eine Meldung eingebaut sein. Sie werden, wie auch die Original-Töne, in der Meldung zunächst vom Nachrichtensprecher anmoderiert. Nach meist zwei bis drei solcher Anmoderations-Sätze folgt dann das *Expertenstück*, also der eingesprochene Aufsager eines Kollegen im Studio, der sich mit dem Thema beschäftigt hat oder der Korrespondentenbericht eines Journalisten, der sich am Ort des Geschehens befindet.

Inhaltlich werden an die Nachrichtenredakteure hohe Ansprüche gestellt. In der Literatur sind zahlreiche inhaltliche Kriterien zu finden, die Meldungen erfüllen sollten. So definiert die British Broadcasting Corporation (BBC) Nachrichten in einer Studie aus dem Jahr 1976 wie folgt:

»Nachrichten sind neue sowie wahrheitsgemäß und sorgfältig wiedergegebene Informationen, die:
- aktuelle Ereignisse aller Art überall in der Welt zum Gegenstand haben;
- gegenübergestellt werden anderen wahrheitsgemäß und sorgfältig erarbeiteten Hintergrundinformationen, die zuvor jedoch wie Nachrichten behandelt werden müssen;
- auf faire Weise von ausgebildeten Journalisten ausgewählt werden, dies jedoch ohne künstliches Ausbalancieren und ohne persönliche politische Motivation oder redaktionelle ›Einfärbung‹;

---

32 Ein Aufsager ist ein vor der Sendung aufgezeichneter Beitrag, der von einem Nachrichtenredakteur eingesprochen wurde, welcher nicht die jeweilige Nachrichtensendung spricht. Der Nachrichtenredakteur ist der Experte für das Thema, weil er sich mit ihm beschäftigt hat. Aufsager können also auch als *Expertenstücke* bezeichnet werden.

33 Korrespondentenberichte gleichen Aufsagern, sind aber von Journalisten vor Ort des Geschehens eingesprochen worden und werden auch als solche ab- oder anmoderiert, zum Beispiel *Aus Madrid Bernhard Muster*.

- in eine Nachrichtensendung aufgenommen werden, weil sie interessant, von allgemeiner Bedeutung oder aber in den Augen der erwähnten Journalisten für die Zuhörer von persönlichem Belang sind;
- ohne Furcht objektiv gestaltet werden mit Blick auf die geltenden Gesetze und auf die Programmgrundsätze der BBC bezüglich gutem Geschmack und journalistischer Grundsätze« (Arnold 1999, 118/119).

Beim WDR klingt die Bestimmung der Kriterien für Nachrichten ähnlich, sie sollen allgemein, unabhängig und sachlich sein (vgl. Vitt 1992, 11/12), und sind *»vor ihrer Verbreitung mit der nach den Umständen gebotenen Sorgfalt auf Inhalt, Herkunft und Wahrheit zu prüfen«* (Vitt 1992, 45 [Hervorhebung im Original]). Außerdem gibt es die folgenden Ansprüche an Nachrichten: Aktualität, Informationswert und Bedeutsamkeit, Vollständigkeit und Unterhaltungswert (vgl. Vitt 1992, 13/14). In seinen Programmgrundsätzen will der WDR sicherstellen, dass

»1. die Vielfalt der bestehenden Meinungen und der weltanschaulichen, politischen, wissenschaftlichen und künstlerischen Richtungen im Gesamtprogramm der Anstalt in möglichster Breite und Vollständigkeit Ausdruck findet; 2. die bedeutsamen gesellschaftlichen Kräfte im Sendegebiet im Gesamtprogramm der Anstalt zu Wort kommen; 3. das Gesamtprogramm nicht einseitig einer Partei oder Gruppe, einer Interessengemeinschaft, einem Bekenntnis oder einer Weltanschauung dient« (Vitt 1992, 45).

Zu bedenken ist hier, dass einige der Grundsätze und Ansprüche nicht oder nur schwer zu verwirklichen sind. So ist zum Beispiel eine *objektive Gestaltung* der Nachrichten ohne *persönliche politische Motivation* wohl nicht möglich. Jeder Journalist ist, wie schon erwähnt, ein Individuum mit seinen vorher gesammelten Erfahrungen und seiner individuellen Welttheorie. Nachrichten sind somit immer subjektiv, da von einem Individuum mit diesen Eigenschaften geschrieben und ausgewählt. Ebenso ist auch der Hörer ein Individuum und versteht die Nachrichten vielleicht anders als ein beliebiger anderer Hörer. Auch die im BBC-Handbuch für Radioredakteure angeführten *News Standards Verantwortlichkeit, Fairness, Unparteilichkeit, Unabhängigkeit, Nüchternheit, Sorgfalt* und *Guter Geschmack* (vgl. Arnold 1999, 161) sind wohl eher als Grundsätze zu sehen, nach denen Journalisten mit vollem Einsatz streben sollten. Denn, dass ein Journalist niemals unabhängig sein kann, habe ich im vorausgegangenen Kapitel geklärt, man denke an die Einflussnahme durch die Vorgesetzten. Auch der Standard *Guter Geschmack* ist wohl recht subjektiv.

Es gibt nach Arnold vier verschiedene Arten von Nachrichten:

»1) Nachrichten, die erwartet, vermutet, geplant entstehen, beispielsweise Sportereignisse [...] [oder] Gedenktage [...]. 2) Nachrichten, die unerwartet [...] entstehen. Beispiele sind hier Verbrechen, Unglücke [...] Rücktritte usw. 3) Nachrichten, die durch journalistische Recherche entstehen [...]. 4) Und schließlich Nachrichten, die durch die Public Relations-Industrie produziert werden« (Arnold 1999, 120/121).

In der Regel setzen sich die Meldungen in Nachrichtensendungen aus den ersten drei Arten zusammen, es kommt aber vor, dass auch Nachrichten aus der Public-Relations-Industrie mit ins Programm genommen werden.[34] Dies sollte allerdings vor allem bei öffentlich-rechtlichen Sendern in Anlehnung an die Programmgrundsätze möglichst nur in Ausnahmefällen geschehen.

Grundlegend für die Hörfunkmeldungen ist, dass in ihnen möglichst alle so genannten *W-Fragen* beantwortet werden: »Wer? Wann? Wo? Was? Wie? Warum?« (Arnold 1999, 140). Wer ist handelndes Subjekt, was ist wann und wo passiert, wie ist es abgelaufen und warum kam es dazu? Allerdings sollten nicht alle Antworten auf diese Fragen im ersten Satz (*Leadsatz*) stehen, da er sonst zu überladen wäre.

Die Nachrichtenmeldungen beim Hörfunk lassen sich in *Hard-News* und *Soft-News* unterteilen. *Hard-News* sind zum Beispiel Meldungen über »Politik, Wirtschaft, Recht, Soziales, Ökologie, Krieg, Militär und Kultur« (Kindel 1998, 16). *Soft-News* können beispielsweise Meldungen über »Unglücke, Verbrechen und Sport« (Kindel 1998, 16) sein. In den Nachrichtensendungen, vor allem der öffentlich-rechtlichen Sender, spielen im Normalfall die *Hard-News* die größere Rolle, aber auch *Soft-News* werden mit ins Programm genommen. Die Einteilung in *Hard-News* und *Soft-News* kann durchaus kritisch betrachtet werden. Je

---

34 Man denke hier zum Beispiel an die Aktion der Deutschen Bahn und Lidl im Mai 2005. Es gab in dem Supermarkt günstige Fahrkarten der Deutschen Bahn zu kaufen. Wegen des hohen Service-Werts für die Hörer haben einige Radiosender über diese Aktion in ihren Nachrichten berichtet.

nach Ereignis und je nach Berichterstattung über ein Ereignis können manchmal auch beispielsweise Verbrechen zu den *Hard-News* gezählt werden; man denke an Wirtschaftskriminalität. Kulturereignisse sind je nach Ausprägung in einigen Fällen sicherlich eher den *Soft-News* zuzuordnen. Es kommt also neben dem Meldungsthema immer auch auf das konkrete Ereignis – und auf die Berichterstattung über dieses Ereignis an. So birgt die Zuweisung zu *Hard-* beziehungsweise *Soft-News*, die nach Meldungsthemen vorgenommen wird, Ungenauigkeiten. Trotz dieser Schwäche denke ich, dass das Modell eine gute Möglichkeit bietet, Meldungen zu klassifizieren. Mit der Aufteilung können Aussagen darüber getroffen werden, welche Art von Themen und Ereignissen bei der Nachrichtenauswahl stärker berücksichtigt werden.

Genau die Entscheidungen, welche Informationen die Journalisten zu Nachrichten verarbeiten, sind ein viel untersuchtes Thema, das in dem jetzt folgenden Unterkapitel 4.2.2 behandelt wird.

4.2.2 Nachrichtenauswahl

Es steht außer Frage, dass in den kurzen Nachrichtensendungen nicht alles, was in der Welt geschieht, dargestellt werden kann. Ebenso wäre kein Hörer in der Lage oder gewillt, alles zu erfahren, was in der Welt geschieht. Eine der wichtigsten Aufgaben der Nachrichtenredakteure ist daher die Auswahl der Nachrichtenbeiträge. Denn das Angebot ist groß:

»Allein der dpa-Basisdienst bedient die Redaktionen deutscher Medien zurzeit täglich mit rund 750 Meldungen und Berichten. Hinzu kommen unzählige weitere Meldungen anderer Medien, Agenturen und eigener Korrespondenten aus der ganzen Welt« (Maier 2003, 27).

Die meisten Ereignisse in der Welt werden also gar nicht erst von den Journalisten registriert, zum Beispiel der Seitensprung eines relativ unbekannten englischen Bankkaufmanns, und wiederum die »Mehrzahl der von Journalisten registrierten Ereignisse erreichen nicht das Publikum, weil sie der journalistischen Selektion zum Opfer fallen« (Arnold 1999, 115). So kann journalistische Berichterstattung niemals ein Abbild der Wirklichkeit oder vollständig sein, im

Gegenteil: »Ereignisse werden erst dadurch zu Nachrichten, daß sie aus der Totalität und Komplexität des Geschehens ausgewählt werden« (Burkart 1998, 271). Nachrichtenbeiträge sind also immer Interpretationen der jeweiligen Journalisten. Sie bestimmen nicht nur die Auswahl der Themen, sondern auch die Gestaltung und Umsetzung der Nachricht. Dies wäre ohne Routine und Standards nicht möglich:

> »Ohne Standardisierung, ohne Stereotypen, ohne Routineurteile, ohne eine ziemlich rücksichtslose Vernachlässigung der Feinheiten stürbe der Redakteur bald an Aufregung« (Lippmann nach Diehlmann 2003, 99).

Der Frage, wie diese Standards aussehen und wie die journalistische Selektion abläuft, wird seit den 50er Jahren intensiv nachgegangen. Drei Forschungsrichtungen haben sich hierbei herauskristallisiert: *Die Nachrichtenwert-Forschung*[35], in der die Kriterien untersucht werden, nach denen Journalisten Ereignisse auswählen; die *Gate-Keeper-Forschung*, in der dem Journalisten in seiner Rolle als *Schleusenwärter* nachgegangen wird, und die *News-Bias-Forschung*, die einseitige Berichterstattung untersucht und vor allem politische Unausgewogenheiten herausfinden will (vgl. Diehlmann 2003, 99).

Im Folgenden sollen die Grundzüge dieser Forschungsrichtungen kurz dargestellt werden. Zu beachten ist hier, dass sich die Forschungsansätze allgemein auf Nachrichten, daher nicht nur auf Radionachrichten, beziehen.

4.2.2.1 Der Nachrichtenfaktoren-Ansatz

Die Nachrichtenfaktorenforschung findet ihren Ausgangspunkt bei dem amerikanischen Journalist Walter Lippmann, der 1922 in seinem Buch *Public Opinion* schreibt, dass die Zeilen, die der Leser in der Zeitung liest,

> »[...] das Endergebnis einer ganzen Reihe von Auswahlvorgängen [sind], die bestimmen, welche Artikel an welcher Stelle mit wie viel Raum und unter welchem Akzent erscheinen. Dafür gibt es keine Regeln. Es gibt aber Konventionen« (Lippmann nach: Wilke 1984, 13).

---

35 Auch *Nachrichtenfaktoren-Ansatz* genannt.

Diese Konventionen nennt Lippmann *news value*, zu Deutsch *Nachrichtenwert*. Ein wesentliches Element der schon oben angesprochenen Routine seien

»gemeinsame Vorstellungen der Journalisten davon, was Nachrichtenwert besitzt, d.h. welche Ereignisse eine Berichterstattung verdienen und welche Meldungen bei der Nachrichtenauswahl durchgelassen werden« (Wilke 1984, 13).

Nach Lippmann sind *Eindeutigkeit des Geschehens, Überraschung, Konflikt, persönliche Betroffenheit* und *räumliche Nähe* diese Nachrichtenfaktoren (vgl. Wilke 1984, 13). Vor allem im europäischen Raum entwickelte sich vier Jahrzehnte später daraus eine Forschungsrichtung, die zunächst von Einar Östgaard im Jahr 1965 begründet, dann von Johan Galtung und Mari Holmboe Ruge weiterentwickelt und 1976 von Winfried Schulz empirisch angereichert und noch einmal systematisiert wurde (vgl. Burkart 1998, 275). Bis heute modifizierten weitere Forscher diesen Ansatz.

Galtung und Ruge stellen folgende zwölf Nachrichtenfaktoren heraus:

Frequenz	(kurzfristige Ereignisse werden eher zu Nachrichten als Ereignisse, die sich langsam entwickeln)
Schwellenfaktor	(ein Ereignis wird erst dann zur Nachricht, wenn es bei dem auswählenden Journalisten eine Aufmerksamkeitsschwelle überwunden hat)
Eindeutigkeit	(je klarer, einfacher und eindeutiger ein Ereignis ist, desto eher wird es ausgewählt)
kulturelle Bedeutsamkeit und Nähe	(ereignet sich das Geschehen im eigenen Kulturkreis, wird es höher bewertet)
Überraschung	(unerwartete oder seltene Geschehnisse haben größeren Nachrichtenwert)
Kontinuität	(ist ein Ereignis einmal Gesprächsthema, bleibt es das auch, wenn die Bedeutung sinkt)

Variation	(je größer der Kontrast zu etwas Bekanntem, desto höher ist die Auswahlwahrscheinlichkeit)
Elitenationen	(sind bedeutende Länder an dem Ereignis beteiligt, wird es höher bewertet, als wenn weniger bedeutende Länder beteiligt sind)
Elitepersonen	(bei der Bevölkerung bekannte Persönlichkeiten haben im Allgemeinen einen hohen Nachrichtenwert)
Personalisierung	(lässt sich ein Ereignis an einer Person festmachen, wird es eher zur Nachricht) und zuletzt
Negativismus	(schlechte Meldungen werden häufiger ausgewählt als positive)

(vgl. Arnold 1999, 126).

Winfried Schulz kritisiert 1976 die bis dahin geltenden Auffassungen in der Nachrichtenwertforschung:

»Er bemängelt, daß diese explizit oder implizit immer als ›Falsifikationsversuche‹ angelegt waren: man wollte nachweisen, ›daß die von den Medien vermittelte Realität nicht mit der ›faktischen Realität‹ – mit dem, ›was wirklich geschah‹ – übereinstimmt« (Wilke 1984, 23).

Kein Journalist aber kann das, was wirklich geschieht, objektiv darstellen, seine Berichterstattung ist, wie schon erwähnt, immer subjektiv. So dürfen

»Nachrichtenfaktoren realistisch nicht als Aspekte der Ereignisse selbst interpretiert werden [...], sondern als Thesen der Journalisten, über die Bedeutung bzw. die Publikationswürdigkeit dieser Ereignisse – genauer: als These darüber, ob und [...] im Hinblick auf welche Nachrichtenfaktoren [...] die Berichterstattung über das jeweilige Ereignis dazu angetan ist, die Aufmerksamkeit von Rezipienten zu gewinnen« (Burkart 1998, 280).

Schulz betont also die aktive Rolle des Journalisten an dem Nachrichtenauswahlprozess. Er entwickelt 18 Nachrichtenfaktoren, die er sechs Faktorendimensionen unterstellt: 1. *Zeit* mit den Faktoren *Dauer* und *Thematisierung*; 2. *Nähe* mit den Faktoren *räumliche Nähe, politische Nähe, kulturelle Nähe* und *Relevanz*; 3. *Status* mit den Faktoren *regionale Zentralität, nationale Zentralität, persönlicher Einfluss* und *Prominenz*; 4. *Dynamik* mit den Faktoren *Überraschung* und *Struktur*; 5. *Valenz* mit den Faktoren *Konflikt, Kriminalität, Schaden* und *Erfolg*, und schließlich 6. *Identifikation* mit den Faktoren *Personalisierung* und *Ethnozentrismus* (vgl. Burkart 1998, 277/278).

Im Vergleich zu Galtung und Ruge differenziert er zum Beispiel also den Faktor *Negativismus* aus, führt den Faktor *regionale Zentralität* ein und lässt außerdem den Faktor *Variation* weg,

>»weil er im Unterschied zu allen anderen Faktoren kein Merkmal von einzelnen Ereignissen, bzw. Nachrichten ist, sondern sich auf das Nachrichtenbild insgesamt bezieht« (Schulz nach Maier 2003, 45).

Auch führt Schulz die Variable *Faktizität* ein, zwar nicht als Nachrichtenfaktor, aber als ein Klassifikationsschema, das

>»die Tatsache berücksichtigen soll, dass ›Ereignisse‹, wie sie uns täglich von den Medien berichtet werden, oft alles andere als Handlungen, Vorfälle und Begebenheiten sind – also beobachtbares, faktisches Geschehen – sondern statt dessen verbale Äußerungen, Kontroversen, die nicht selten den Charakter von Interpretationen und Spekulationen haben« (Schulz nach Maier 2003, 45).

Die *Faktizität* wird später von anderen Forschern, zum Beispiel von Eilders (1997), mit in den Faktorenkatalog aufgenommen; hinzukommen ebenso die Faktoren *wirtschaftliche Nähe, Demonstration, Emotionen* und *Sex/Erotik* (vgl. Maier 2003, 46/47).

Im Unterschied zu Winfried Schulz, der mit seiner konstruktivistischen Deutung

>»in den Nachrichtenfaktoren weniger Merkmale von Ereignissen [sieht] als vielmehr journalistische Hypothesen von Wirklichkeit, d.h. Annahmen der Journalisten über Inhalt und Struktur von Ereignissen, die ihnen zu einer als sinnvoll angenommenen Interpretation der Realität dienen« (Schulz 2000 A, 332),

plädiert Mathias Kepplinger für eine *finale* Sichtweise der Nachrichtenwert-Theorie (vgl. Burkart 1998, 280). Er möchte, dass die Auswahlentscheidungen der Journalisten als zielgerichtete Handlungen, und nicht als eine Reaktion auf die Realitätsreize aufgefasst werden (vgl. Burkart 1998, 281). Denn die Journalisten wählen aus und berichten nicht nur aufgrund einer *natürlichen Relevanz* von Themen, »sondern auch deshalb, weil die Kommunikatoren (Journalisten, Herausgeber, Verleger) damit bestimmte Ziele verfolgen« (Burkart 1998, 281). Damit sind die Nachrichtenfaktoren »bloß Nebenprodukt oder Legitimation der letztlich durch politische Absichten gesteuerten Auswahlprozesse« (Schulz 2000 A, 332). Die individuellen Motive der am Auswahlprozess beteiligten Personen sind auch Forschungsgegenstand der *Gate-Keeper* Forschung, die im Folgenden kurz dargestellt werden soll.

4.2.2.2 Die *Gate-Keeper* Forschung

Die *Gate-Keeper* Forschung geht auf David Manning White zurück, der 1950 den von dem Psychologen Kurt Lewin entwickelten Begriff des *Gate-Keepers* auf die Nachrichtenauswahl übertrug. Die Metapher *Gate-Keeper* steht dabei für einen Schleusenwärter oder Torpförtner, der das Tor zur Nachrichtenwerdung eines Ereignisses bewacht und kontrolliert, welche Nachricht *durchgelassen* wird (vgl. Diehlmann 2003, 100). White wollte die Schlüsselposition einzelner Entscheidungsträger herausstellen und führte zu diesem Zweck eine Untersuchung mit einem Redakteur einer amerikanischen Tageszeitung durch. Er verglich sieben Tage lang die Meldungen, die der Redakteur auswählte, mit denen, die er wegwarf. So fand er einen subjektiven Einfluss auf die Nachrichtenauswahl heraus:

> »Vernachlässigt wurden etwa Meldungen, die als trivial, uninteressant oder schlecht geschrieben eingestuft worden waren, ebenso Berichte, denen eine propagandistische Tendenz attestiert worden war oder die einfach als zu lang empfunden wurden« (Burkart 1998, 272/273).

Außerdem spielten die technischen Voraussetzungen bei der Nachrichtenauswahl durch den untersuchten Redakteur eine Rolle, so begründete er »die meisten seiner Auswahlentscheidungen unter Bezug auf handwerkliche Kriterien oder

Produktionszwänge (z.B. Redaktionsschluß, zu wenig Platz)« (Schulz 2000 A, 329). Später dann wurde diese Forschungsrichtung modifiziert und weiterentwickelt, teilweise unter scharfer Kritik an der individualistischen Ausrichtung der *Gate-Keeper* Forschung. So kamen »neuere Untersuchungen [...] zu dem Ergebnis, dass die Routine der redaktionellen Alltagsarbeit die inhaltliche Nachrichtenauswahl dominiere« (Diehlmann 2003, 101). Den Journalisten wurde also eine eher passive Rolle als Informationsvermittler zugeschrieben, die oft Agenturmeldungen unverändert übernähmen.

Neben dem individualistischen Ansatz kristallisierte sich daher auch ein institutioneller Ansatz heraus, der die Redaktion und das Umfeld des Journalisten mit in die Untersuchungen einbezog. Neue Studien zeigten, »daß ›Gatekeeping‹ kein autonomer, sondern ein von zahlreichen Rücksichten und bürokratisch-institutionellen Zwängen bestimmter Vorgang ist« (Wilke 1984, 15). Neben den ganz persönlichen Motiven der auswählenden Journalisten wie beispielsweise Wissensstand, politische Gesinnung oder Vorlieben und den technischen Voraussetzungen, wie Produktionszwängen oder zeitlichen Beschränkungen werden dort auch institutionelle Einflüsse berücksichtigt, beispielsweise die Stellung des Journalisten in der Redaktion. Später versuchten Forscher, ein kybernetisches Modell der Nachrichtenauswahl zu entwerfen[36], andere Autoren führten

»weitere Gesichtspunkte ein, z.B. die Unterscheidung von Nachrichtensammeln und Nachrichtenbearbeitung, die kenntlich machen soll, daß die redaktionelle Tätigkeit des Journalisten weitgehend vorbestimmt ist durch das Angebot der Nachrichtenagenturen« (Wilke 1984, 15).

Festzuhalten bleibt, dass sehr verschiedene Einflüsse auf die Auswahlentscheidung der Journalisten einwirken. Nach Schulz sind das auf der einen Seite

»[...] bürokratische Routine und Produktionsanforderungen, vor allem Zeit- und Kapazitätsvorgaben [...]; so hängt die Auswahlchance von Nachrichten u.a. ab von der Menge und Vielfalt des gesamten Nachrichtenaufkommens, vom Zeitpunkt im Produktionsablauf bzw. in der Erscheinungsperiodik, zu dem die Nachricht vorliegt [...]. Zum anderen drücken sich im Nachrichten-

---

36 Zum Beispiel Gertrude J. Robinson. Nach: Wilke 1984, 15.

bild mehr oder weniger deutlich auch politische und ideologische Orientierungen aus, etwa die vom Verleger bestimmte Grundrichtung einer Zeitung oder die Gruppennorm, die sich im Kollegenkreis der Redaktion herausgebildet hat, wobei auch Wertorientierungen, die der Berufsgruppe der Journalisten insgesamt zu eigen sind, bestimmend sein können« (Schulz 2000 A, 329/330).

Das sind, so Schulz, die endogenen Faktoren. Hinzu kommen die exogenen Einflüsse auf die Nachrichtengebung, wie zum Beispiel politische Kontrolle von Medien, Zensur oder Behinderung von Auslandskorrespondenten (vgl. Schulz 2000 A, 328).

4.2.2.3 Die *News Bias*-Forschung

Der dritte Forschungsstrang die Nachrichtenauswahl betreffend ist die *News Bias*-Forschung. Sie untersucht, inwieweit journalistische Berichterstattung politisch einseitig oder unausgewogen ist.[37] Außerdem soll versucht werden, die Ursachen der einseitigen Berichterstattung aufzudecken. Dazu wird vor allem der Zusammenhang zwischen den persönlichen Einstellungen der einzelnen Journalisten und der von ihnen getroffenen Nachrichtenauswahl oder ihrer Berichterstattung betrachtet.

Die *News Bias* -Forschung bedient sich zwei verschiedener Methoden. Zum einen werden Experimente durchgeführt, zum anderen Inhaltsanalysen kombiniert mit Journalistenbefragungen. Bei vielen Experimenten wurden gezielt ausgesuchte Versuchspersonen gebeten, bestimmte Aufgaben zu erfüllen. Sie sollen zu vorgegebenen Themen journalistisch tätig werden, das heißt also entweder Nachrichten auswählen oder einen Bericht verfassen. Bei der Auswertung dieser Experimente kamen viele Forscher zu dem Schluss, dass sowohl die redaktionelle Linie einer Zeitung als auch die jeweils persönlichen Einstellungen der Journalisten einen Einfluss auf ihre Berichterstattung haben (vgl. Staab 1990, 29). Auch die Kombinationen aus Inhaltsanalysen und Journalistenbefragungen haben ein ähnliches Erkenntnisinteresse, so zum Beispiel die Studie von Steven

---

37 Bei der Darstellung der *News Bias* Forschung orientiere ich mich im Wesentlichen an: Staab 1990, 27-40.

Chaffee und Ruth Flegel (vgl. Staab 1990, 35). Die beiden Forscher untersuchten mehrere Journalisten einer konservativen und einer progressiven Tageszeitung, indem sie diese befragten und eine Inhaltsanalyse ihrer Zeitungen durchführten. Chaffee und Flegel kamen nach Staab zu dem Ergebnis, dass es »einen außerordentlich starken Zusammenhang zwischen den Journalistenmeinungen und den Medieninhalten« (Staab 1990, 35) gab, während

> »die wahrgenommene Verlegermeinung und in schwächerem Ausmaß die wahrgenommenen Rezipientenmeinungen nur mit der Berichterstattung der progressiven Zeitung übereinstimmten« (Staab 1990, 35).

Insgesamt schuf die *News Bias*-Forschung ein Bewusstsein für die große Bedeutung der subjektiven Einflüsse auf die Nachrichtenauswahl sowie für die entscheidende Rolle der Verleger, der Vorgesetzten und auch der Rezipienten mit ihren Erwartungen.

4.2.2.4 Zusammenfassende Einordnung und Blick in die Praxis

Wie nun bei der Beschreibung der drei Forschungsrichtungen gesehen, gibt es zahlreiche Einflüsse auf die Nachrichtenauswahl. Dass der Inhalt der Ereignisse eine große Rolle spielt, ist unbestritten, denn zum Beispiel würde in den Nachrichten eher gemeldet, dass sich Bundeskanzler Schröder ein Bein gebrochen hat, als ein Mensch, über den in den Medien bis zu dem Zeitpunkt noch nie berichtet wurde. Gleichermaßen spielen aber auch die subjektiven Einstellungen der Journalisten eine große Rolle, genauso wie die ihrer Vorgesetzten oder Verleger. Auch ist nicht unwichtig, auf welche Zielgruppe das jeweilige Medium zugeschnitten ist. Daneben gibt es auch Format-bedingte Einflüsse. Eine Nachrichtensendung im Radio hat eine in etwa standardisierte Länge. Passiert an einem Tag nicht besonders viel, werden Themen in die Sendung mit hineingenommen, die bei einem sehr großen Ereignisaufkommen wohl keine Chance gehabt hätten. Außerdem kann es technische Probleme bei der Realisierung bestimmter Themen geben oder politische Beschränkungen.

Will man also die Einflüsse auf die Nachrichtenauswahl untersuchen, müssen all diese Aspekte beachtet werden. Alle drei vorgestellten Forschungsrichtungen enthalten wichtige Ansatzpunkte. Die in dieser Arbeit vollzogene inhaltsanalytische Untersuchung allerdings stellt keine Studie zur Nachrichtenselektion dar, sondern untersucht die Nachrichtenberichterstattung auf Radio Eins Live in ihrer Breite, schließt folglich auch andere Aspekte, wie die sprachliche oder formale Gestaltung mit ein. Daher können hier nur einige Aspekte der Nachrichtenauswahl untersucht werden. Das Kapitel fünf beschäftigt sich beispielsweise mit der Situation der Mitarbeiter in der Nachrichtenredaktion bei Eins Live, auch im Hinblick auf die Regeln zur Nachrichtenauswahl. In der eigentlichen inhaltsanalytischen Untersuchung werden dann beispielsweise Parteinennungen oder Wertungen erfasst, außerdem einige Nachrichtenfaktoren anhand von Kategorien wie Ereignisort, Thematik oder Ereigniszeit überprüft.

4.3 Die Sätze

Bei der Wahl der Sprache in Radionachrichten gibt es bestimmte Regeln und Konventionen. Wie schon bei der Beleuchtung der Rolle des Hörers in Kapitel 3.3 beschrieben, zwingen deutliche Unterschiede zwischen Lesen und Hören die Radiosprecher zu einer sehr bewussten Verwendung der Sprache. Denn:

> »Der Leser kann ein ganzes Schriftbild überblicken, [...] der Hörer weiß nicht, was noch kommt, wie der Sendetext gegliedert ist, wann der Beitrag aufhört. Der Leser kann langsam lesen oder schnell, der Hörer muss genau in dem Tempo aufnehmen, in dem der Radiosprecher spricht [...]. Der Leser kann das, was er nicht versteht, noch einmal lesen, für den Hörer rauscht das im Radio Gesprochene vorbei – ob er verstanden hat oder nicht« (Ohler 1991, 145).

Außerdem helfen dem Leser beim Verstehen Satzzeichen im Schriftbild, die den Text sinnvoll gliedern, dem Hörer nicht. Und der Leser nimmt sich bewusst Zeit für die Tätigkeit des Lesens, er sucht sich den Zeitpunkt aus. Der Hörer hört Radio oft nebenbei und muss sich dem Zeitplan der Programmmacher fügen, also wann sich die Sprecher zwischen der Musik zu Wort melden.

All dies erschwert das Verstehen bei der Radiokommunikation und bedeutet für die Nachrichtensprecher, dass sie sich an bestimmte Regeln halten müssen. Zum einen müssen sie langsam, deutlich und akzentuiert sprechen, damit der

Hörer die Möglichkeit hat, sie zu verstehen. Zum anderen muss das geschriebene Wort, das die Sprecher verlesen, bestimmten Kriterien entsprechen[38]:

»Schreib wie du sprichst! [...] Selbstverständlich sind die hochsprachlichen Normen zu beachten, aber gleichzeitig sollte man sich an die Struktur der Umgangsprache halten« (La Roche/Buchholz 1993, 80).

So sollte zum Beispiel der Satzbau einfach sein, der Text sollte aus vielen Hauptsätzen und zur Vermeidung des *Hackstils* einigen Nebensätzen bestehen. Insgesamt sollte ein vollständiger Satz jedoch höchstens einen Nebensatz enthalten und nicht mehr als 13 Wörter lang sein (vgl. Weischenberg 1988, 142/143). Schachtelsätze sind für Radiojournalisten also ein Tabu. Die Sätze müssen einfach konstruiert sein, nicht zuletzt, damit sie leicht sprechbar sind. Zudem sollten sie im Aktiv stehen. Da man »das Gedächtnis des Hörers nicht überstrapazieren« (Arnold 1999, 273) sollte, gilt die Empfehlung, in jedem Satz nur ein Thema anzuschneiden, außerdem wenig Zahlen zu benutzen und wenn dies unumgänglich ist, die Zahlen zu vereinfachen. Auch sollten Radiojournalisten Fremdwörter möglichst vermeiden und »[...] nur dann gebrauchen, wenn es keinen deutschen Ersatz gibt« (Ohler 1991, 147). Außerdem gilt die Regel für Nachrichtenredakteure, möglichst wenig Synonyme zu verwenden, sondern wichtige Begriffe oft zu wiederholen. Redundanz ist also in Radionachrichten erwünscht. Denn so können Nachrichten leichter verstanden und behalten werden. Da Meldungen, wie schon beleuchtet, nach dem Prinzip der *umgekehrten Pyramide* aufgebaut sind, werden Informationen Satz für Satz angehängt. So können also Einordnungen und Erläuterungen am Ende der Nachricht das Verständnis erleichtern. Abkürzungen sollten entweder vermieden oder erklärt, Jargon-Formulierungen in neutrale Sprache übersetzt werden. Da bei Zitaten im Radio keine Anführungsstriche genutzt werden können, um das Zitat deutlich zu machen, muss in den Radionachrichten ein Zitat mittels indirekter Rede mit dem Konjunktiv gekennzeichnet werden. Nach Ansicht von Siegfried Weischenberg aber darf bei direktem Quellenbezug auch der Indikativ stehen (vgl. Weischenberg 1988, 108). Bei der Wortwahl gilt die Empfehlung, möglichst viele

---

38 Bei der Darstellung der Regeln für Journalisten bezüglich der Sprachwahl orientiere ich mich im Wesentlichen an: La Roche/Buchholz 1993, Arnold 1999 und Ohler 1991.

Verben und dementsprechend weniger Substantive zu benutzen, der Nominalstil sollte also vermieden werden:

> »Nominalstil klingt steif, hölzern und erinnert an Behördendeutsch. Substantive, die auf ›-ung‹ enden, enthalten ein Verb. In einem Sprechtext sollte man es zurückholen. Also nicht: ›Der Bundeskanzler hat eine Erklärung abgegeben…‹, sondern ›Der Bundeskanzler hat erklärt…‹« (Arnold 1999, 272).

Dazu gehören auch Substantive auf *-keit, -heit, -tät* und *-isierung*. Adjektive sollten ebenfalls sparsam eingesetzt werden. Außerdem sollten Prädikatsklammern vermieden und das Prädikat möglichst vorne im Satz platziert werden (vgl. Arnold 1999, 272).

5 Die *Infos* auf Radio Eins Live

In diesem Kapitel wird nun der Blick auf die Nachrichten von Radio Eins Live gerichtet. Im Folgenden bezeichne ich die Nachrichtensendungen auf Radio Eins Live, wie schon in der Einleitung erläutert, auch als *Infos*. Grundlage bildet ein von mir am 05.01.2005 geführtes Interview mit Sabine Henkel, der Chefin vom Dienst der *Infos* auf Eins Live.[39] Außerdem ziehe ich ein von Sabine Henkel verfasstes Thesenpapier hinzu, das sie mir am Tag des Interviews zur Verfügung gestellt hat. In Einzelfällen beziehe ich mich auf Veröffentlichungen über die Nachrichten auf Radio Eins Live.

Zunächst werden formale Aspekte der Nachrichten beleuchtet, danach wende ich mich dem Selbstverständnis der Nachrichten auf Eins Live zu und beschreibe die Situation der Mitarbeiter. Im Anschluss werden die Nachrichtenauswahl sowie die inhaltliche und auch sprachliche Gestaltung der Meldungen näher betrachtet.

Dieses Kapitel dient, entsprechend seiner Stellung in der Arbeit, auf der einen Seite der Darstellung von ersten Ergebnissen bei der Betrachtung der *Infos* des Senders Eins Live. Vor allem die Situation der Mitarbeiter und die Arbeitsweise in der Eins Live Redaktion wird beleuchtet. Auch wird beschrieben, wie, Sabine Henkel nach, die Nachrichten gestaltet sein sollen. Auf der anderen Seite liefert dieses Kapitel auch die Aufnahme von weiteren Kriterien, die nun speziell die Nachrichtenredakteure des Senders Eins Live beim Verfassen der Nachrichten berücksichtigen sollen und deren Verwirklichung in der inhaltsanalytischen Untersuchung überprüft wird.

Die Redaktion der *Infos* befindet sich neben der Großraumredaktion für die übrigen Redakteure im Eins-Live-Studio im Kölner Mediapark. Hier werden die Nachrichtensendungen vorbereitet, die dann zwischen fünf Uhr morgens und Mitternacht im Studio live gesprochen werden. In den Nächten von Samstag auf Sonntag werden bei Eins Live produzierte Nachrichten auch um ein Uhr morgens gesendet, da die ebenfalls aus den Eins-Live-Studios ausgestrahlte Sendung

---

39 Das Interview ist im Anhang (auf CD) beigefügt.

Krusing bis zwei Uhr morgens läuft. Wochentags zwischen fünf Uhr und neun Uhr morgens werden zweimal in der Stunde Nachrichten präsentiert. Dabei orientiert sich der Sender nach Sabine Henkel am Hörerverhalten:

> »[...] weil die Verweildauer der Leute morgens einfach bei 20 Minuten nur liegt, und wir einfach sagen wollen, dass dann jeder einmal Nachrichten mitbekommen soll« (Henkel 2005, 3, 119.121).

Nach Mitternacht beziehungsweise ein Uhr in der Nacht gibt es keine eigens von Eins Live geschriebenen und präsentierten *Infos*; alle Sender der ARD werden in der Nachtversorgung zusammengeschlossen und senden stündlich alle dieselben, zentral produzierten Nachrichten.

Die Länge der einzelnen Nachrichtensendungen ist nicht exakt festgelegt. Morgens im halbstündlichen Rhythmus sollten sie nach einer Vorgabe des Senders nicht länger als drei Minuten inklusive Wetter und Verkehr sein, zu den anderen Zeiten dürfen sie etwas länger sein (vgl. Henkel 2005, 3/4, 152-149). In der Regel werden vier bis fünf, in Ausnahmefällen auch sechs einzelne Meldungen präsentiert. Während der Woche zwischen sechs Uhr morgens und 18 Uhr und samstags zwischen sechs und elf Uhr werden die Nachrichtensendungen von zwei Sprechern präsentiert, einem männlichen und einer weiblichen Sprecherin. Mit der Präsentation der *Infos* durch zwei Nachrichtensprecher will der Sender Eins Live, so Henkel, in Anlehnung an andere *junge Wellen* zeigen, dass er ein modernes Programm gestaltet und sich Veränderungen anpasst. Außerdem glauben die Verantwortlichen,

> »[...] dass das vom Hören einfach noch mal einen anderen Anreiz gibt, wenn ein Stimmwechsel stattfindet. Wenn jemand jetzt für sich das erste Thema persönlich nicht so spannend findet und schaltet ab, setzt das dann mit dem Hören wieder ein, wenn plötzlich eine andere Stimme liest, weil es einfach einen akustischen Reiz dann gibt« (Henkel 2005, 2/3, 101-105).

Der eine oder die beiden Präsentatoren sprechen die Nachrichtensendungen stehend in einem Studio, durch ein Fenster wird der Blickkontakt zum jeweiligen Moderator ermöglicht. Die Nachrichtensprecher müssen keine Technik bedienen sondern werden *gefahren*.

Der Ablauf der Infosendungen richtet sich, so Henkel, nach einem festgelegten Schema. Eröffnet wird die Nachrichtensendung durch den jeweiligen Moderator, der sich vorstellt und dann die *Infos* ankündigt. Danach startet der Thema-Jingle, in dem der Name der jeweiligen Sendung genannt wird, während der Woche sind die Sendungen bei Eins Live von fünf bis 20 Uhr nach der Uhrzeit benannt. Der erste Präsentator stellt dann sich selbst und seinen Kollegen namentlich vor, es folgen die Schlagzeilen. Diese bieten eine Kurzzusammenfassung von zwei der nachfolgenden Themen in möglichst maximal 5 Worten und werden von den beiden Nachrichtensprechern abwechselnd präsentiert. Auch die Wetterschlagzeile, die nicht mehr als 3 Worte umfassen sollte, wird vorgelesen. Dann folgen die Meldungen, die ebenfalls abwechselnd gesprochen werden und durch Trenn-Jingles voneinander abgehoben und formal unterscheidbar gemacht werden. Auch Wetter und Verkehr, die immer das Ende einer Nachrichtensendung bilden, zählen als eigene Nachrichtenbeiträge und werden von den beiden Sprechern im Wechsel präsentiert: Der eine spricht das Wetter, der andere den Verkehr.[40] Wetter und Verkehr werden jeweils durch eigene Thema-Jingles angekündigt. Die Kennzeichnung des Endes der Nachrichtensendung übernimmt ebenfalls ein Thema-Jingle, das den jeweiligen Namen der folgenden Sendung nennt.

Inhaltlich sollen sich die *Infos* auf Eins Live nach dem schon erwähnten Programmauftrag des WDR richten. Der entscheidende Grundsatz ist hier:

»Der WDR hat in seinen Sendungen einen umfassenden Überblick über das internationale und nationale Geschehen in allen wesentlichen Lebensbereichen zu geben. Sein Programm hat der Information, Bildung und Unterhaltung zu dienen« (Vitt 1992, 44).

Außerdem sollen alle Redakteure des WDR sicherstellen, dass

»[…] die Vielfalt der bestehenden Meinungen und weltanschaulichen, politischen, wissenschaftlichen und künstlerischen Richtungen im Gesamtpro-

---

40 Vgl. zum Ablauf einer Infosendung auch Henkel 2004, 7. Außerdem kann der Ablauf der in dieser Arbeit untersuchten Nachrichtensendungen im Anhang (auf CD) eingesehen werden.

gramm der Anstalt in möglichster Breite und Vollständigkeit Ausdruck findet« (Vitt 1992, 45).

Für die Nachrichtengebung bedeuten diese Grundsätze, dass sie

»[...] allgemein, unabhängig und sachlich sein [muss]. Nachrichten sind vor ihrer Verbreitung mit der nach den Umständen gebotenen Sorgfalt auf Inhalt, Herkunft und Wahrheit zu prüfen« (Vitt 1992, 45).

Diese Grundsätze sollen, wie auch schon in Kapitel 3 beschrieben, von allen WDR-Programmen erfüllt werden, so auch von Eins Live. Die *Infos* auf Eins Live verstehen sich aber nicht als *klassische Nachrichten*, wie sie auf WDR 2, 3, 4 oder 5 verwirklicht werden (vgl. Henkel 2005, 1, 8-9), denn

»Eins Live ist eben nicht die Info Welle des WDR, unsere hören eben andere Schwerpunkte. Wir geben denen das Wichtigste mit [...], aber wir können natürlich nicht umfassend über politische Debatten und so weiter informieren, wie das WDR 5 kann [...] oder auch WDR 2 [...], das ist das Flaggschiff für Information beim WDR und sind wir halt nicht« (Henkel 2005, 11, 564-571).

So stellen sich also offensichtlich auch die Eins-Live-Nachrichtenredakteure auf die Zielgruppe ein. In einem Bericht über die Nachrichtenredakteure von Eins Live, die damals noch *Promter* hießen, kann man beispielsweise lesen, bei Eins Live gebe es »keine öden Verlautbarungen mit Begräbnisstimmen. Wer gähnen will, ist bei EINS LIVE im falschen Radio« (Sperschneider 1996, 67 [Hervorhebung im Original]). Weiter erklärt ein damaliger Nachrichtenredakteur:

»Wir wollen keine anderen Themen machen, als in den Nachrichten für die ›Erwachsenen‹. Wir berichten also auch über die Dollarentwicklung, erklären was ´ne Inflationsrate ist oder informieren über den Konflikt zwischen China und Deutschland. [...] Wir versuchen, dieselben Themen in einer kapierbaren Sprache rüberzubringen – Substanz dürfen sie allerdings dabei nicht verlieren« (Sperschneider 1996, 67 [Hervorhebung im Original]).

Diese Aussagen zusammen genommen, machen sehr deutlich, dass die Redakteure von Eins Live ihre Nachrichten nicht als gewöhnliche Nachrichten ansehen, sondern als speziell auf eine junge Zielgruppe zugeschnittene Informationen. Die Hörer, die dieser Zielgruppe angehören, werden offensichtlich nicht als erwachsen angesehen, denn sonst wäre die Erwähnung, dass man über keine anderen Themen berichten wolle, als es bei klassischen Nachrichten für Erwachsene der Fall ist, absurd. Auch der Hinweis auf die *kapierbare* Sprache, ein Ausdruck, der stark an Jugendsprache erinnert, lässt darauf schließen, dass man sich von anderen Nachrichten absetzen will, denen implizit unterstellt wird, nicht oder nur schwer verständlich zu sein. Der Fokus auf die junge Zielgruppe wird an vielen Stellen in dem Interview mit Sabine Henkel deutlich und zieht sich durch viele Bereiche der Nachrichten, dazu gehören auch die schon erwähnte Doppelpräsentation und das relativ junge Alter der Präsentatoren, auf das ich gleich eingehen werde. Auch der Name *Infos* für die Nachrichten stammt aus einer Umbenennung der Sendungen von Eins Live im Hinblick auf die Zielgruppe:

»[...] das ist glaube ich auch eine Formulierung, die man der Zielgruppe angepasst hat: ›Und jetzt hast du noch ein paar Infos dazu.‹ [...] Nur Nachrichten klang uns irgendwie zu steif« (Henkel 2005, 5, 237-245).

Charakteristisch für die *Infos* auf Eins Live ist eine öfter stattfindende, lockere Kommunikation zwischen den Nachrichtensprechern und dem Moderator während oder nach der Stauschau.[41] Dieses Geplänkel ist auch bei den Programmmachern nicht unumstritten:

»[...] wir haben da lange überlegt, ob das angebracht ist, und unser Wellenchef hat dann gesagt: ›[...] die Nachrichtenleute, die sollen seriös sein und machen das mal lieber nicht.‹ Es gab dann aber Reaktionen von Hörern, und zwar relativ viele, die gerade das sehr sympathisch finden [...]. Und deswegen ist das zugelassen, manchmal auch sogar erwünscht« (Henkel 2005, 5, 256-263).

Dies ist ebenfalls ein gutes Beispiel dafür, dass die Programmverantwortlichen und Redakteure von Eins Live versuchen, sich auf die Zielgruppe einzustellen, indem sie den bei ihnen eingegangenen Wünschen entsprechen. Zwingend sei

---

41 Beispiele hierfür lassen sich auch in den hier untersuchten Nachrichtenblöcken finden, man lese zum Beispiel die Transkripte der Nachrichtenblöcke Freitag, 11.02.05, 15.00 Uhr oder Montag, 14.02.05, 17:00 Uhr.

die Bereitschaft zum Geplänkel für die Nachrichtensprecher aber nicht. Wenn
sie sich diese Form der lockeren, spontanen und nicht vorher abgesprochenen
Kommunikation live nicht zutrauten, finde sie auch nicht statt, so Henkel.

Die Mitarbeiter in der Nachrichtenredaktion sind teilweise fest beim WDR
angestellt, teilweise freie Mitarbeiter bei Eins Live. Es gibt eine so genannte
»Programmgruppe Nachrichten Hörfunk des WDR« (Henkel 2005, 1, 5/6), in
der ungefähr 20 Redakteure fest angestellt sind. Diese arbeiten rotierend in den
verschiedenen Nachrichtenredaktionen der WDR-Radioprogramme, fünf von
ihnen, »die vor allen Dingen jung klingen« (Henkel 2005, 1/2, 47/48), werden
regelmäßig bei Radio Eins Live eingesetzt. Auch Sabine Henkel gehört zu der
Programmgruppe Nachrichten mit dem Unterschied, dass sie als Chefin vom
Dienst der Eins-Live-Nachrichten ausschließlich hier eingesetzt wird, und nicht,
wie ihre Kollegen, alle zwei Wochen den Sender wechselt. Die übrigen Journalisten, die bei Radio Eins Live die *Infos* schreiben und präsentieren, sind freie
Mitarbeiter. Zum Zeitpunkt des Interviews waren es 16 Journalisten. Die große
Anzahl ergibt sich aus dem Umstand, dass alle freien Mitarbeiter des WDR aus
rechtlichen Gründen nicht mehr als acht Tage im Monat arbeiten dürfen.[42] Wie
oben mit den jung klingenden festen Mitarbeitern schon kurz angerissen, legen
die Programmverantwortlichen des Senders Eins Live großen Wert darauf, dass
auch in der Nachrichtenredaktion die Mitarbeiter jung sind beziehungsweise
sich jung anhören:

> »Wenn wir neue freie Leute einstellen, sollten die 30 nicht überschreiten. [...]
> Die Begründung ist einfach die, dass Eins Live sagt: Wir möchten, dass auch
> die Macher von Eins Live möglichst nah an der Zielgruppe sind, am besten in
> der Zielgruppe sind und auch ihr Leben leben wie die Zielgruppe und daher
> ein Gespür haben für Themen: Was interessiert die Zielgruppe« (Henkel
> 2005, 1, 26-32).

Ganz streng genommen wird diese Regel bei Eins Live aber nicht, besonders
nicht in den Nachrichten. Denn, da es hier nicht zuletzt auf

---

42 Hintergrund ist die so genannte WDR Prognose. Wenn jemand mehr als acht Tage
    im Monat beim WDR arbeitet, würde es sich für ihn lohnen, sich in den Sender
    einzuklagen. Vgl. hierzu Henkel 2005, 1, 11-21.

Informationsvermittlung ankommt, spielt das Alter der Nachrichtenredakteure eine nicht ganz so entscheidende Rolle. So sind alle fest angestellten und auch einige der freien Mitarbeiter in der Nachrichtenredaktion über dreißig, denn, so Henkel, niemand muss den Sender verlassen, nur weil er seinen dreißigsten Geburtstag feiert. Das beste Beispiel ist Sabine Henkel als Chefin vom Dienst selbst, sie ist vierzig Jahre alt und arbeitet auch *on air*, sie präsentiert also regelmäßig die Nachrichten. Insgesamt jedoch wird auf eine allgemein junge Altersstruktur geachtet, denn

»[...] man geht eben davon aus, dass die jungen Leute auch Stimmen hören wollen, [...] mit denen sie sich identifizieren können. [...] die sollen nicht das Gefühl haben, da ist jetzt gerade mein Onkel am Mikrofon, der erzählt mir jetzt gerade wie die Welt funktioniert, sondern das ist ein Gespräch oder eine Vermittlung [...] auf einer Ebene [...]. Also so eine Draufsicht, das soll hier nicht passieren« (Henkel 2005, 2, 57-69).

Viele der freien Nachrichtenredakteure bei Radio Eins Live wechseln zu WDR 2, wenn sie Mitte oder Ende Dreißig sind (vgl. Henkel 2005, 1, 41-43).

Ähnliche Sorgfalt wie auf die Altersstruktur wird auf das Geschlechterverhältnis in der Inforedaktion gelegt. Hier sollen möglichst gleich viele Männer wie Frauen arbeiten. Der Grund liegt in der schon erwähnten von Eins Live praktizierten Doppelpräsentation. Eine Doppelpräsentation mit zwei Gleichgeschlechtlichen macht nach Henkel keinen Sinn, da sich die Stimmen zu sehr ähneln würden und zu wenig unterscheidbar wären (vgl. Henkel 2005, 2, 71-77).

In den Kernzeiten, also werktags zwischen sechs und 18 Uhr, ist die Nachrichtenredaktion neben den zwei Präsentatoren zusätzlich noch mit einem Nachrichtenredakteur besetzt. In der Regel arbeitet ein fest angestellter Redakteur mit zwei freien Mitarbeitern zusammen. Die drei Mitarbeiter teilen sich die anfallenden Aufgaben. Einer der drei Journalisten ist für die Sonderform einer Meldung, genannt *Die Einzelheiten*, verantwortlich, die in den Kernzeiten möglichst in jedem Block eingesetzt werden soll. In den Einzelheiten werden Hintergrundinformationen zu einem Ereignis zusammengetragen. Diese Meldungsform ist in etwa vergleichbar mit einem Aufsager, also einem Expertenstück, abgesehen davon, dass sie vom Nachrichtenpräsentator gesprochen wird. Ein zweiter Redakteur schreibt die übrigen Meldungen, die in der folgenden Nachrichtensendung präsentiert werden sollen. In der Nachrichtensendung selbst spricht dieser Redakteur zusammen mit demjenigen, der die Einzelheiten verfasst hat. Die einzelnen Meldungen werden abwechselnd vorgelesen; die Reihenfolge der Sprecher ergibt sich aus der Position der Meldung mit den Einzelheiten, da sie immer von ihrem Verfasser präsentiert wird.[43] Der dritte Redakteur sichtet währenddessen die Agenturmeldungen und verfolgt das aktuelle Geschehen in den Medien. In Absprache mit seinen beiden Kollegen wählt er Original-Töne aus dem ihm zur Verfügung stehenden Material der Korrespondenten oder anderen Sender der ARD aus und schneidet sie. Die drei Mitarbeiter tauschen mehrmals täglich ihre Aufgaben, so dass jeder mindestens zwei Nachrichtensendungen spricht (vgl. Henkel 2005, 9, 445-459).

Die Nachrichtenauswahl unterliegt bei Eins Live keinen klaren Regeln. Diese wären angesichts der nie erwartbaren Ereignis- und Geschehenslage auch nur schwer aufzustellen. Auf eine entsprechende Frage hin bestätigt Sabine Henkel, dass sowohl inhaltliche als auch personenbezogene Einflüsse bestehen. Sowohl die Nachrichtenlage an sich sei also von Bedeutung als auch der jeweilige Journalist als handelndes Subjekt mit seinen eigenen Erfahrungen und Einstellungen sowie auch die Arbeitgeber und der Programmauftrag (vgl. Henkel 2005, 8, 382-399). Sie sträubt sich allerdings strikt gegen einen möglichen Einfluss aus der Public-Relations-Branche (vgl. Henkel 2005, 8, 399-402). Insgesamt bezeichnet sie die Nachrichtenauswahl als »das Schwierigste für einen Nachrichtenredakteur« (Henkel 2005, 7, 354/355), denn durch die fehlende Vorhersehbarkeit von Ereignissen und Themen lasse sich die Themenauswahl nur schlecht dem Nachwuchs vermitteln: »das ist einfach eine Frage der Routine« (Henkel 2005, 7, 358).

Die Redakteure bei Eins Live versuchen, die Auswahl der Nachrichten ereignisorientiert zu gestalten: »Eins Live macht die Geschichten [...] des Tages, [...] Ereignisse sind uns mehr wert als Debatten noch mal und noch mal abzubilden« (Henkel 2005, 7, 326-328). Außerdem wird versucht, deutsche Themen in den Nachrichtensendungen unterzubringen: »[...] was uns ja allen näher ist als Hörer« (Henkel 2005, 7, 343/344). In Ausnahmefällen ist aber auch eine Nach-

---

43 Anmoderiert werden *Die Einzelheiten* allerdings von dem anderen Nachrichtensprecher.

richtensendung ausschließlich mit Auslandsthemen möglich. Auch Nordrhein-Westfalen als Sendegebiet findet besondere Berücksichtigung; die Meldungen müssen aber bundesweit von Bedeutung sein.

Auch bei Radio Eins Live wird klar zwischen Popthemen und Nachrichtenthemen getrennt, Neuigkeiten wie »Brad Pitt hat sich getrennt« (Henkel 2005, 7, 375) kommen also nur in den Moderationen, nicht aber in den Nachrichtensendungen, vor. Einen gewissen Einfluss auf die Auswahl der Nachrichten hat, so Henkel, je nach Tageszeit auch die Zielgruppe. Denn neben der auch bei anderen Radiosendern üblichen *Primetime*[44] am Morgen zwischen fünf und neun Uhr, die dazu genutzt werden soll, dem Hörer die Ereignisse der vergangenen Nacht zusammenzufassen sowie einen Ausblick auf den kommenden Tag zu geben, legt Eins Live besonderen Wert auf die Mittagszeit zwischen 13 und 15 Uhr: »Wir bedenken bei der Themenauswahl auch, dass uns um diese Zeit viele Schüler hören« (Henkel 2004, 2). So kann es gerade in der Mittagszeit, der zweiten, kleineren Primetime, vorkommen, dass »[...] wenn es Themen gibt, die zum Beispiel Schule betreffen, dann [...] vielleicht stärker berücksichtigt [werden]« (Henkel 2005, 5, 226/227). Der späte Nachmittag zwischen 16 und 17 Uhr kann als dritte kleine Primetime bezeichnet werden, hier hören viele Autofahrer zu. Der Fokus liegt hier auf den wichtigsten Themen des Tages.

Trotzdem wird unter anderem an der Nachrichtenauswahl deutlich, dass die Orientierung im Hinblick auf die Zielgruppe auch bei den *Infos* auf Eins Live nur in einigen Aspekten erfolgt und sich nicht durch alle Bereiche zieht:

»[...] wir können nicht nur Nachrichten machen, was die Zielgruppe interessiert, sondern wir haben ja auch einen Auftrag, einen öffentlich-rechtlichen, und müssen auch über politische Sachen informieren, die vielleicht nicht jeden interessieren« (Henkel 2005, 1, 33-36).

Es gibt also offensichtlich Konventionen und Einflussquellen, die neben der Zielgruppe die Arbeit der Nachrichtenredakteure bestimmen.

Innerhalb einzelner Meldungen kann es, so Henkel, in manchen Fällen zu einer Fokussierung auf die Zielgruppe kommen. So wird zum Beispiel in Meldungen mit dem Thema Arbeitslosenzahlen möglichst häufig die Zahl der Jugendar-

---

44 Die Primetime ist die wichtigste Tageszeit für Radiosender, da zu der Zeit die meisten Radiohörer zu erwarten sind.

beitslosigkeit, auch speziell für Nordrhein-Westfalen, genannt (vgl. Henkel 2005, 10/11, 541-545), oder aber

> »als diese Rentenreform im letzten Jahr beschlossen wurde, dann versuchen wir den Fokus auf die Beitragszahler zu legen, also zu sagen, was das jetzt für unsere Hörer heißt« (Henkel 2005, 8, 406-408).

Die Gewichtung der einzelnen Meldungen innerhalb einer Nachrichtensendung folgt auch bei Eins Live nach dem Prinzip »das Wichtigste steht vorn« (Henkel 2005, 8, 423). Allerdings sollte auch hier das Wichtigste möglichst auch neu sein. Zieht sich ein Thema durch den Tag, kann es auf hintere Meldungspositionen rutschen. Werden Themen mehrmals täglich gemeldet, sollten sie möglichst umgeschrieben werden. Es gilt die Vorgabe:

> »[...] dass wir am Tag eine Meldung nur einmal wiederholen, also eine Meldung läuft zweimal [...]. Selbst wenn sich vielleicht nichts getan hat, die Meldung ist zweimal gelaufen, dann versuchen wir das ein bisschen anders zu formulieren, weil wir sagen, die Leute, die jetzt vielleicht intensiv hören, wollen wir nicht langweilen, sondern wir wollen denen schon zeigen: Wir sind jetzt hier am Ball« (Henkel 2005, 4, 196-203).

Quelle für die Themen der *Infos* auf Eins Live sind in erster Linie Nachrichtenagenturen, die der Sender abonniert hat.[45] Außerdem verfügen alle Sender des WDR über ein breites Netz an Korrespondenten in der ganzen Welt, die Informationen und auch Original-Töne liefern. Dazu kommt das Internet als Recherchequelle sowie Pressestellen. Agenturnamen werden in den Meldungen nicht als Quelle genannt, es sei denn der Sender muss sich absichern (vgl. Henkel 2004, 3). Die Nennung der Quellen wird bei Eins Live genau auf Notwendigkeit geprüft. Halten die Redakteure sie für nicht zwingend, soll sie weggelassen werden (vgl. Henkel 2004, 3).

Die einzelnen Meldungen bei Eins Live sollen nach dem schon beschriebenen Pyramiden-Schema aufgebaut sein. Der Leadsatz hat also die Aufgabe, das Wichtigste und möglichst auch das Neuste zu umfassen (vgl. Henkel 2005, 9, 482), sollte aber nicht zu lang sein.

---

45 Alle Wellen des WDR haben die Agenturen DPA, DDP, AFP, AP, REUTERS, EPD, KANN und SID abonniert.

Neben *Die Einzelheiten*, der schon beschriebenen Sonderform einer Meldung, werden bei Eins Live auch häufig Original-Töne eingesetzt, so Henkel. In den O-Tönen können Politiker oder andere Fachleute wie Sportler oder Prominente zu Wort kommen. Wichtig ist, dass die O-Töne authentisch sind, dann haben sie größte Priorität, »weil sie Stimmungen und Zwischentöne besser als jedes andere Stilmittel verdeutlichen können« (Henkel 2004, 6). O-Töne kommen nur in der so genannten *Sandwich-Form* vor, vor und nach ihnen steht Text. Gibt es allerdings kein geeignetes Material, werden auch Nachrichtensendungen ohne O-Töne gesendet; sie sollen also passend sein und nicht zum Selbstzweck eingesetzt werden.

Sprachlich gilt die Regel »wir schreiben so wie wir sprechen« (Henkel 2005, 9, 470). Das bedeutet, dass alltägliche Sprache, also Wörter aus dem aktiven Wortschatz, verwendet werden, nicht aber Umgangssprache. Substantivierungen, Floskeln und Fremdwörter sollten vermieden werden (vgl. Henkel 2004, 3). Außerdem sollten die Sätze nicht zu lang sein. Bei Zitaten soll der Sprechende am Anfang des Satzes stehen. Den Konjunktiv sollen die Nachrichtenredakteure bei Eins Live möglichst vermeiden. In Sabine Henkels Thesenpapier wird geraten, den Satz *Schröder sagte, er gebe seine Zustimmung* zu übersetzen in *Schröder hat versichert, dass er zustimmen wird* (vgl. Henkel 2004, 3).

In der sprachlichen Gestaltung der Nachrichten passt sich Eins Live nicht völlig der Zielgruppe an. Zwar werden die Sätze möglichst einfach und verständlich gestaltet, aber es wird keine Jugendsprache verwendet:

> »[...] ich würde nie in einer Meldung sagen, dass irgendwas cool ist [...]. Ich persönlich würde [...] genauso schreiben auch bei WDR 2 und bei WDR 5, weil ich denke, auch ein WDR-5-Hörer, der ein Hochschulstudium hat, ist nicht böse, wenn er eine Meldung sofort versteht« (Henkel 2005, 10, 494-499).

In der Wort- und Sprachwahl versuchen die Eins-Live-Nachrichtenredakteure also, sich nach den allgemein geltenden Ansprüchen für Nachrichten zu richten.

Insgesamt wird deutlich, dass die Nachrichtenredakteure von Eins Live viele Entscheidungen im Hinblick auf die junge Zielhörerschaft treffen sollen, aber nicht alle ihrer Entscheidungen diesen Hintergrund haben. Es gibt offensichtlich auch gewisse allgemeine Regeln für Hörfunknachrichten, die von den Redakteuren offenbar unabhängig vom Alter der Zielgruppe eingehalten werden.

In der im folgenden Kapitel durchgeführten Inhaltsanalyse soll nun der Blick auf die konkrete Gestaltung der *Infos* gerichtet werden.

6 Inhaltsanalytische Untersuchung

Zunächst wird in Kapitel 6.1 eine methodische Einordnung gegeben, in der beschrieben wird, welche inhaltsanalytischen Prinzipien und Regeln dieser Untersuchung zu Grunde liegen. In Kapitel 6.2 erläutere ich konkret die Vorgehensweise meiner Analyse. Im folgenden Kapitel 6.3 dann werden die Ergebnisse dargestellt.

6.1 Methodische Einordnung

Um eine inhaltsanalytische Untersuchung durchführen zu können, muss erst einmal geklärt werden, was in dieser Arbeit unter Inhaltsanalyse verstanden werden soll.[46] Hierbei halte ich mich sehr kurz, da diese Arbeit keine Abhandlung über die Methode der Inhaltsanalyse darstellen soll, sondern eine solche Analyse hier praktisch durchgeführt wird. Daher werden viele Aspekte konkret am Beispiel des hier untersuchten Materials beleuchtet.

Zunächst einmal müssen aber einige Grundlagen geschaffen werden. Unter einer Inhaltsanalyse wird in dieser Arbeit, in Anlehnung an Schulz, eine »wissenschaftliche Forschungsmethode mit weitgehend standardisierten Anwendungsregeln für die Untersuchung von Mitteilungen im Kommunikationsprozeß« (Schulz 2000 B, 41) verstanden. Diese Mitteilungen im Kommunikationsprozess können auf inhaltliche Aspekte hin untersucht werden, viele inhaltsanalytische Untersuchungen aber, so auch die hier vorliegende, beziehen formale Aspekte ebenfalls mit ein. Nach Mayring - und diese Auffassung liegt der hier durchgeführten Analyse zu Grunde - gibt es verschiedene Spezifika der Methode Inhaltsanalyse:

»Zusammenfassend will also Inhaltsanalyse *Kommunikation* analysieren; *fixierte* Kommunikation analysieren; dabei *systematisch* vorgehen; das heißt *regelgeleitet* vorgehen; das heißt auch *theoriegeleitet* vorgehen; mit dem Ziel,

---

46 Bei der methodischen Einordnung orientiere ich mich im Wesentlichen an: Schulz 2000 B sowie Mayring 2003.

Rückschlüsse auf bestimmte Aspekte der Kommunikation zu ziehen« (Mayring 2003, 13 [Hervorhebungen im Original]).

Das bedeutet, der Gegenstand von inhaltsanalytischen Untersuchungen ist Kommunikation, die in Form von Texten, Tonbändern, Videos oder anderem Material dokumentiert ist. In der vorliegenden Arbeit sind es die auf Tonbänder aufgenommenen Nachrichtensendungen, die anschließend transkribiert wurden. Wichtig ist das systematische Vorgehen, es wird also nicht frei interpretiert, sondern nach einem bestimmten, für das gesamte Material gleichen System vorgegangen. Das geschieht nach bestimmten Regeln, die expliziert werden müssen und so dafür sorgen, dass die Analyse intersubjektiv nachprüfbar und damit einem wissenschaftlichen Anspruch gerecht wird. Die Inhaltsanalyse muss auf einem theoretischen Gerüst ruhen. Das heißt, es muss eine theoretisch abgeleitete Fragestellung geben und die Ergebnisse müssen theoriegeleitet interpretiert werden. Hervorzuheben ist, dass eine Inhaltsanalyse immer einen Teil eines Kommunikationsprozesses analysiert:

> »Sie will durch Aussagen über das zu analysierende Material *Rückschlüsse auf bestimmte Aspekte der Kommunikation ziehen*, Aussagen über den ›Sender‹ (z.B. dessen Absichten), über Wirkungen beim ›Empfänger‹ o.ä. ableiten« (Mayring 2003, 12 [Hervorhebung im Original]).

Die hier durchgeführte inhaltsanalytische Untersuchung beschäftigt sich mit den *Sendern* als Kommunikatoren.

Die Anfänge von Untersuchungen, deren Zielsetzungen im Ansatz mit den späteren inhaltsanalytischen Zielsetzungen vergleichbar sind, können schon Mitte des 18. Jahrhunderts nachgewiesen werden: Damals zählten die lutherische Kirche und ein paar Gelehrte

> »das Vorkommen bestimmter religiöser Schlüsselbegriffe in den pietistischen Kirchenliedern und stellten Vergleiche mit den entsprechenden Quantitäten in der Bibel und im offiziellen Gesangbuch an« (Schulz 2000 B, 42/43).

Seit Anfang des 19. Jahrhunderts wurden dann die ersten wissenschaftlichen Inhaltsanalysen durchgeführt. Die heute im Allgemeinen vorherrschenden Regeln, nach denen sich inhaltsanalytisches Vorgehen richtet, wurden vor allem in den 1930er und 1940er Jahren in den USA entwickelt (vgl. Schulz 2000 B, 41).

Mit der Entwicklung und Ausdehnung der Kommunikationsforschung verbreitete sich die Forschungsmethode der Inhaltsanalyse ebenfalls. Sie wird heute außer in der Kommunikationswissenschaft »in nennenswertem Umfang in der Soziologie, in der Politikwissenschaft, in der Erziehungswissenschaft, in der Sozialpsychologie und in der Literaturwissenschaft eingesetzt« (Schulz 2000 B, 45). Tiefer soll hier nicht in die Geschichte der Inhaltsanalyse vorgedrungen werden.

Die hier vorliegende inhaltsanalytische Untersuchung ist von der Methode her extrakommunikativ, an verschiedenen Stellen wird aber versucht, eine kommunikative Perspektive einzunehmen. Dies geschieht in den qualitativen Analyseelementen, es werden daher sowohl qualitative als auch quantitative Analyseschritte angewendet. Die Frage, ob die Kommunikationinhalte qualitativ oder quantitativ analysiert werden sollten, stellt sich hier also nicht, da beide Analysearten miteinander verbunden werden. In Anlehnung an Mayring wurden die Fragestellung, das Kategoriensystem sowie das Analyseinstrumentarium qualitativ gewonnen. Die eigentliche Analyse wurde zu großen Teilen quantitativ, aber auch qualitativ durchgeführt. Hier treten viele Zahlennennungen auf, unter anderem wird eine große Menge Prozentzahlen miteinander verglichen. Diese quantitativen Ergebnisse aber werden oft mit Beispielen aus dem analysierten Material belegt, oder es werden Textstellen interpretiert; diese Interpretationen wiederum gehen auf qualitative Schritte zurück. Eine Trennung kann daher nicht vollzogen werden, und eine weitere Diskussion darüber erübrigt sich in dieser Arbeit.

Zu den methodischen Vorgaben gehört neben der Systematik auch,

> »[…] daß die zu analysierenden Mitteilungen nicht beliebig, sondern nach einem genau festgelegten Plan entsprechend den Zielen der Untersuchung ausgewählt werden« (Schulz 2000 B, 51).

Die notwendige intersubjektive Nachprüfbarkeit kann nur gewährleistet werden, wenn die Untersuchung gut protokolliert wird, so dass sie im Falle einer Wiederholung zu gleichen Ergebnissen führen würde. Einschränkend muss hier die Kategorisierung betrachtet werden. Selbst bei sehr gut verfassten Codierregeln kommen verschiedene Codierer oft auf unterschiedliche Lösungen, das heißt, sie ordnen die betreffenden Daten unterschiedlichen Kategorien zu. Um diese Ungenauigkeiten der Analyse gering zu halten, müssen die Kategorien möglichst eindeutig definiert werden. Auf das dieser Analyse zugrunde liegende Kategoriensystem, was »das Herzstück einer inhaltsanalytischen Untersuchung« (Schulz 2000 B, 53) darstellt, wird im folgenden Kapitel 6.2 näher eingegangen. An dieser Stelle sei nur gesagt, dass die in der Analyse zu untersuchenden inhaltlichen und formalen Aspekte Kategorien subsumiert werden. Mit Hilfe dieser Zusammenfassungen werden die Daten zur Interpretation gewonnen. Gleichzeitig gehen damit jedoch immer auch Einzelheiten verloren.

Abschließend ist festzuhalten, dass ich mich bei der Vorgehensweise der vorliegenden inhaltsanalytischen Untersuchung an Schulz und Mayring orientiere.[47] Nicht alle Analyseschritte können in dieser Arbeit dokumentiert und offen gelegt werden, da das Material dafür zu umfassend ist.[48] Hier muss ich mich also auf wesentliche Aspekte beschränken und werde vor allem Ergebnisse darstellen.

Die Grenzen dieser inhaltsanalytischen Untersuchung sowie mein konkretes Vorgehen und das verwandte Kategoriensystem sollen nun aufgezeigt werden.

6.2 Vorgehensweise, Grenzen und Kategoriensystem der Untersuchung

Ausgangspunkt für die Analyse war der Vorsatz, die Nachrichten auf Radio Eins Live zu untersuchen. Da in meiner Forschungshypothese davon ausgegangen wurde, dass die *Infos* unter Umständen anders beschaffen sein könnten als Radionachrichten anderer Sender, vor allem derjenigen Sender mit einer anderen Zielgruppe, habe ich beschlossen, die inhaltsanalytische Untersuchung nicht nur für Eins Live, sondern auch für einen Vergleichssender durchzuführen. Dies sollte dazu beitragen, dass die Ergebnisse der Analyse für Eins Live aussagekräftiger werden und besser eingeordnet werden können.

Die meisten der in dieser Arbeit theoretisch hergeleiteten Ansprüche an Nachrichten gelten für alle Hörfunknachrichten, erst in Kapitel 5 wurde näher

---

47 Ein anschauliches, in dieser Arbeit verfolgtes Ablaufmodell ist bei Mayring auf S. 54 zu finden.

48 Das verwandte Kategorienschema befindet sich im Anhang (auf CD).

auf die *Infos* auf Eins Live eingegangen, hier wurden speziellere Anforderungen dargestellt. Sollten in der Analyse also Unterschiede zwischen den beiden untersuchten Sendern auftreten, deuten sie auf einen Spielraum bei Hörfunknachrichten hin, der, so die Vermutung, jeweils im Sinne des Senderleitbildes und Senderselbstverständnisses ausgereizt wird. Der Sender WDR 2 wurde für die Analyse als Vergleichsprogramm gewählt, weil er seinem Selbstverständnis nach »der aktuelle Informations-Sender« (Baars 1998, 74) des WDR ist oder wie Sabine Henkel es ausdrückt: »das Flaggschiff für Information« (Henkel 2005, 11, 570/571).[49] Bei WDR 2 sollen also klassische Nachrichten gesendet werden, die im Programm eine große Rolle spielen und umfassend informieren sollen. Die Zielgruppe von WDR 2 ist nicht so eindeutig definiert wie die von Eins Live. Es lassen sich in den Veröffentlichungen keine Altersangaben dazu finden, so dass es scheint, als versuche der Sender, eine recht allgemeine Zielgruppe mit dem Programm anzusprechen, im Unterschied zu Eins Live also ausdrücklich nicht nur junge Hörer. Parallel für beide Sender sind das Sendegebiet Nordrhein-Westfalen und der öffentlich-rechtliche Programmauftrag.

Interessant für die hier vorliegende Analyse sind sehr viele verschiedene, die Nachrichten betreffende Aspekte. Die Inhaltsanalyse beugt sich im Folgenden also keiner sehr speziell formulierten Forschungsfrage, will also nicht herausfinden, ob beispielsweise die Berichterstattung politisch in eine bestimmte Richtung gefärbt ist, sondern hier wird einer allgemeineren forschungsleitenden Frage nachgegangen: *Wie sind die Infos auf Eins Live im Vergleich zu den Nachrichten auf WDR 2 beschaffen?* Daher kann die hier vorliegende Untersuchung keine ausführliche Tiefenanalyse einzelner Aspekte sein, sondern das Ergebnis soll ein in der Breite umfassendes Bild der Nachrichtensendungen von Eins Live und auch WDR 2 geben, in das sowohl Form als auch Inhalt und Sprache einbezogen sind.

Für die Analyse wurden pro Sender zehn Nachrichtensendungen an verschiedenen Tagen und Uhrzeiten ausgewählt, die je Sender zur gleichen Zeit

---

49 Ein kurzer Abriss über das Selbstverständnis des Senders WDR 2 ist auch zu finden in: Westdeutscher Rundfunk Köln 1999, 173/174.

zu hören waren. Die Anzahl ergab sich daraus, dass ich möglichst viele Nachrichtenblöcke in die Untersuchung einbeziehen wollte, um die Ergebnisse aussagekräftig zu machen. Beschränkt wurde die Anzahl durch die Möglichkeiten einer Magisterarbeit. Das bedeutet eine Einschränkung der Tragweite der Ergebnisse, da mit je zehn Nachrichtensendungen der Corpus nicht als repräsentativ oder umfassend bezeichnet werden kann; alle Ergebnisse müssen also diesbezüglich relativiert werden.

Die Auswahl der untersuchten Nachrichtenblöcke wurde nach dem mit Sabine Henkel geführten Interview getroffen. Sowohl ihre Aussagen als auch einige theoretische Vorüberlegungen sind in die Entscheidung eingeflossen. Es wurde darauf geachtet, dass zweimal jeweils zwei Nachrichtensendungen im Abstand von nur einer Stunde im Corpus enthalten sind, um sehen zu können, ob die Meldungen von Stunde zu Stunde umgeschrieben werden oder exakt gleich formuliert sind. Außerdem habe ich sowohl Nachrichtensendungen während der Woche als auch am Wochenende aufgenommen, um hier mögliche Unterschiede feststellen zu können. Der Untersuchungszeitraum umfasst sechs Tage. Die erste in die Analyse eingeflossene Nachrichtensendung lief am Mittwoch, den 09.02.2005, die letzte am Montag, den 14.02.2005. Die Streuung auf sechs Tage war notwendig, weil die Themenvielfalt und auch andere Aspekte unter Umständen sehr von dem jeweiligen Tagesgeschehen beeinflusst sein können. Da im Vorfeld nicht absehbar war, ob an einem Tag vielleicht etwas Außergewöhnliches passiert, das die Nachrichten eines Radiosenders vielleicht veranlasst, ihr übliches Muster zu verlassen, wurden mehr als nur ein oder zwei Untersuchungstage ausgewählt. Ein wichtiger Aspekt ist zudem die Wahl der Uhrzeiten. Es wurde darauf geachtet, dass alle der von Sabine Henkel bezeichneten Primetimes vertreten sind, also sowohl die morgendliche als auch die mittägliche und die nachmittägliche. So sollen Aussagen darüber getroffen werden können, ob die Zielgruppenorientierung in diesen Primetimes erkennbar ist. Daneben wurden auch Nachrichtensendungen ausgewählt, die genau nicht in einer solchen Primetime liegen, um hier eventuelle Unterschiede feststellen zu können. Gezielt wurde auch eine Nachrichtensendung in der Nacht von Samstag auf Sonntag um null Uhr[50] hinzugenommen, eine Zeit, in der ein Großteil der Zielgruppe von Eins Live in der Regel Wochenendaktivitäten nachgehen dürfte. All diese Aspekte berücksichtigend kam ich zu folgender Auswahl der Nachrichtensendungen:

Mittwoch, 09.02.2005, 07:00 Uhr;
Mittwoch, 09.02.2005, 08:00 Uhr;
Mittwoch, 09.02.2005, 20:00 Uhr;
Freitag, 11.02.2005, 14:00 Uhr;
Freitag, 11.02.2005, 15:00 Uhr;
Sonntag, 13.02.2005, 00:00 Uhr;
Sonntag, 13.02.2005, 10:00 Uhr;
Sonntag, 13.02.2005, 16:00 Uhr;
Montag, 14.02.2005, 11:00 Uhr und
Montag, 14.02.2005, 17:00 Uhr.

Diese Nachrichtenblöcke wurden auf Tonband aufgezeichnet und anschließend transkribiert. Bei der Überlegung, wie das Kategorienschema[51] anzulegen sei, habe ich mich entschieden, das Material in drei verschiedene Analyseeinheiten einzuteilen: Die Einheit *Nachrichtensendungen*, die Einheit *Meldungen* sowie die Einheit *Sätze*. In die erstgenannte Ebene fallen unter anderem Kategorien wie die Blocklänge, die Anzahl der Sprecher oder das Vorhandensein eines Musikteppichs. Hier wird also vor allem das formale Gesamterscheinungsbild der Nachrichtensendungen untersucht. Die Analyseeinheit *Meldung* umfasst beispielsweise die Länge der einzelnen Meldungen, die Art der Meldung, also ob zum Beispiel ein O-Ton eingebaut ist, das Thema einer Meldung oder die Ereigniszeit. Hier können die einzelnen Meldungen der beiden Sender also hinsichtlich Form und Inhalt miteinander verglichen werden. Auf der Satzebene werden unter anderem die Anzahl der Wörter, die Position des Prädikats oder die Anzahl

---

50 Hier wird von Sonntag, 00:00 Uhr, gesprochen und nicht von Samstag, 24:00 Uhr, da die Nachrichtensendung einige Minuten dauert und damit also in voller Länge am Sonntag und nicht mehr am Samstag gesendet wird. Eins Live selbst spricht im Thema-Jingle noch von Samstag, nennt aber die Uhrzeit ebenfalls null Uhr.

51 Das gesamte Kategorienschema ist im Anhang (auf CD) beigefügt.

der Fremdwörter erfasst, es geht also vor allem um die sprachliche Gestaltung der Sätze. Das Kategorienschema soll im Folgenden genauer erläutert werden. Bei der Erstellung der Kategorien wurde sowohl empiriegeleitet als auch theoriegeleitet vorgegangen. Aus den in dieser Arbeit angestellten theoretischen Überlegungen sowie dem Interview mit Sabine Henkel ergaben sich viele zu untersuchende Aspekte. Bei der Definition der Kategorien aber wurde auch das zu analysierende Material herangezogen, um diese eindeutig gestalten zu können und zu gewährleisten, dass das gesamte Material diesen Kategorien subsumiert werden kann. Ein gutes Beispiel ist hier die Kategorie *Meldungsthema*, in der ein mögliches Thema *Skandale/Affären/Rücktritte von Politikern und sonstigen Prominenten* ist. Dieses Thema ist nach Anschauung des Materials eigens definiert worden und meines Wissens nicht in anderen Inhaltsanalysen zu finden; es war hier aber eine gute Möglichkeit, Meldungen zur Visa-Affäre oder zum Schiedsrichterskandal zu klassifizieren.

Die Analyseeinheit *Nachrichtensendungen* umfasst die Kategorien *Sender; Datum; Uhrzeit; Gesamtlänge des Blocks; Anzahl männlicher Sprecher; Anzahl weiblicher Sprecher; Vorhandensein von Musikteppichen, Geplänkel, Schlagzeilen oder Trenn-Jingels; Länge des Wetters* und *Stimmklang* (mit den Antwortmöglichkeiten jung, mittel oder alt).

Bei der Analyse der Meldungen gibt es mehr Kategorien. Hier soll zunächst eine Kurzbeschreibung der Meldung in möglichst wenigen Worten gegeben werden. Dann wird nach der Position der Meldung innerhalb des Nachrichtenblocks gefragt, um später Rückschlüsse darauf ziehen zu können, ob die Meldung der Aufmacher oder auch der *Rausschmeißer*[52] ist. Auch gibt es eine Kategorie zur *Art der Meldung* mit den Antwortmöglichkeiten *trocken, O-Ton Politiker, O-Ton Fachleute, mit Aufsager, mit Korrespondentenbericht, mit ›Die Einzelheiten‹, Mischform*. Die Anzahl der Wörter eines O-Tons wird ebenfalls erfasst. Die Länge der Meldung in Sätzen und in Sekunden bildet zwei weitere Kategorien. Dann wird danach gefragt, ob das Ereignis geplant und erwartet oder aber unerwartet und überraschend war. Diese Kategorie war beim Codieren nicht ganz einfach zu beantworten, da zum Beispiel oft Rahmenhandlungen

---

52 Der *Rausschmeißer* ist die letzte Meldung einer Nachrichtensendung.

geplant waren, die konkreten Handlungen oder Aussagen der Akteure aber nicht. Am Ende wurde ein Ereignis als überraschend codiert, wenn es eindeutig unvorhersehbare Aspekte enthielt.

In einer weiteren Kategorie wird nach dem *Thema der Meldung* gefragt.[53] Hier gab es die Schwierigkeit, dass manche Meldungen zwei Themen hätten zugeordnet werden können, Doppelnennungen aber nicht sinnvoll gewesen wären, da sie das Gesamtergebnis der Themen verzerrt hätten. So habe ich mich immer für das naheliegendste und dominierendste Thema entschieden. Der Rücktritt des Präsidenten des Fußballvereins Borussia Dortmund zum Beispiel wurde dem Thema *Skandale/Rücktritte/Affären* zugeordnet und nicht dem Thema Sport, da es kein Sportereignis war, obwohl es im weitesten Sinne um Fußball geht. Es bleibt aber in dieser Kategorie die genannte Einschränkung, die bei der Ergebnisinterpretation berücksichtigt werden muss.

Nach der Klassifizierung der Meldungen in Themen wird auch die Unterscheidung in *Hard-News* und *Soft-News* getroffen. Als *Hard-News* werden in Anlehnung an Kindel (vgl. Kindel 1998, 16) die Themen *Internationale Politik, Verteidigungspolitik/Militär, Sozialpolitik, Umweltpolitik, Kultur- und Wissenschaftspolitik, Allgemeine Innenpolitik, Wirtschaftspolitik, Wirtschaft, Gesundheitswesen* und *Arbeitsmarkt* gezählt. Außerdem kommt ein Teil der Meldungen zum Thema *Skandale/Affären/Rücktritte* hinzu, nämlich alle Meldungen zur Visa-Affäre. Dazu entschieden habe ich mich, da die Visa-Affäre eindeutig ein politisches Thema darstellt und politische Themen, wie oben ersichtlich, den *Hard-News* zugeordnet werden. *Soft-News* stellen die Themen *Kriminalität/Verbrechen, Unglücke/Katastrophen/Unfälle, Sport, Unterhaltung/Freizeit, Service* und *Sonstiges* dar sowie der andere Teil des Themas *Skandale/Affären/Rücktritte*.

Im Anschluss wird gefragt, ob das Ereignis einer Meldung konkret ersichtliche Handlungen nicht verbaler Art enthält, die Faktizität wird also untersucht. Auch hier gab es kleinere Probleme bei der Codierung. So war es manchmal schwierig zu entscheiden, was genau als konkrete Handlung nicht verbaler Art gesehen wird, zum Beispiel ob *einen Regierungsentwurf vorstellen* darunter fällt oder auch *etwas verbieten oder ändern zu wollen*. Schließlich habe ich ersteres mit ja beant-

---

53 Die Antwortmöglichkeiten der jeweiligen Kategorien können im Anhang (auf CD) eingesehen werden.

wortet, weil ein Regierungsentwurf in der Regel vor mehreren Leuten an einem eigens oder unter anderem dafür angesetzten Termin präsentiert wird. Dieser Entwurf wurde im Vorfeld ausgearbeitet und soll zumindest im Idealfall verwirklicht werden. *Etwas verbieten oder ändern zu wollen* wurde nicht als konkret ersichtliche Handlung nicht verbaler Art gewertet, da es hier vorkommen kann, dass jemand als Individuum und nicht in seiner Position als Politiker oder ähnliches, seine Gedanken oder Wünsche ausspricht, die aber nicht unbedingt in die Realität umgesetzt werden sollen.

Die *Ereigniszeit* und der *Ereignisort* bilden zwei weitere Kategorien. Außerdem wird angegeben, ob ein expliziter Verweis auf die Bedeutung für Senderegion oder die Zielgruppe vorkommt, wie zum Beispiel *Das bedeutet für NRW, dass jeder fünfte Metallarbeiter seinen Job verliert.* als Hinweis auf die Senderegion NRW oder *Für alle Schüler fällt heute die Schule aus.* als Verweis auf die Bedeutung für die Zielgruppe. Auch wird erfasst, ob jede einzelne *W-Frage* beantwortet wurde. Bei der Frage *Wie* erwies sich die Codierung in einigen Fällen als nicht ganz einfach, da sie schon von der Fragestellung nicht so eindeutig ist wie beispielsweise die Frage *Wer* oder *Wann*. Die Frage *Wie* musste von Meldung zu Meldung verschieden gestellt werden, zum Beispiel *Wie lief die Verfolgungsjagd ab?* oder *Wie soll das Gesetz verändert werden?* oder *Wie kam es zu dem Rücktritt?*. Dieser Umstand muss bei der Betrachtung des Ergebnisses der Frage *Wie* beachtet werden.

Des Weiteren wird in dieser inhaltsanalytischen Untersuchung gefragt, ob Quellen genannt werden. Eine andere Kategorie bildet die Frage, ob Parteien oder Politiker, die diesen Parteien angehören, genannt werden. Schließlich wird danach gefragt, ob offensichtlich wertende Äußerungen in der jeweiligen Meldung enthalten sind und ob über die Beschreibung des Ereignisses hinaus Erklärungen, Erläuterungen oder Einordnungen gegeben werden.

Auch die Analyseeinheit *Sätze* umfasst recht viele Kategorien. So wird erfasst, welche Position der Satz innerhalb der Meldung innehat. Auf diese Weise können bei der Interpretation die Leadsätze im Besonderen betrachtet werden. Auch wird die Anzahl der Wörter in den einzelnen Sätzen gezählt. Die Anzahl der Hauptsätze, der Nebensätze und der Ellipsen pro Satz wird ebenfalls erfasst, wobei die Kategorie *Nebensätze* sowohl Gliedsätze als auch Gliedteilsätze einbezieht.

Ob der Satz im Aktiv oder Passiv geschrieben ist, ist genauso von Bedeutung, wie die Anzahl der Adjektive und Substantivierungen auf –keit, -heit, -ung, -tät und –isierung. All dies wird in das hier verwendete Kategorienschema mit einbezogen.

Auch wird die Anzahl der Fremdwörter gezählt. Als Fremdwörter werden alle Wörter gewertet, die ihren Ursprung in einer anderen Sprache haben, dem Fremdwörterlexikon nach daher eben solche darstellen.[54] Diese Entscheidung ist bei der Entwicklung des Kategorienschemas nicht ganz einfach gewesen. Sabine Henkel hat vermutlich eine engere Bedeutung des Begriffs *Fremdwörter* intendiert, als sie in unserem Interview von einem Tabu für Fremdwörter gesprochen hat (vgl. Henkel 2005, 9, 475/476). Denn wahrscheinlich hat sie dabei nicht an Wörter wie *Polizei* oder *Politik* gedacht, die nach der hier vorliegenden Definition hinzugehören. Es lässt sich nicht eindeutig sagen, welche die gemeinte Bedeutung Sabine Henkels sein könnte. Vermutlich sind es *schwierige Wörter*, die im Deutschen nicht sehr geläufig sind. Für diese Wörter fehlt aber eine eindeutige Definition. Um den Begriff *Fremdwörter* enger zu fassen, ist es in der Analyse in Anlehnung an Ohler (vgl. Ohler 1991, 147) eine Möglichkeit gewesen, Fremdwörter nur in den Fällen zu zählen, in denen für das Wort eine deutsche Entsprechung existiert, die genauso hätte verwendet werden können. Zwei Beispiele sollen hier kurz aufgeführt werden, an denen sich ersehen lässt, dass auch diese Definition Schwächen beinhaltet. In den *Infos* auf Eins Live werden unter anderem die beiden Fremdwörter *Experte* (vgl. Transkript Eins Live, 5, 216)[55] und *Symptom* (vgl. Transkript Eins Live, 6, 285) benutzt. Für beide Wörter gibt es eine aus dem deutschen stammende Entsprechung, *Fachmann* für Experte und *Merkmal* für Symptom (vgl. Wahrig-Burfeind 2003, 272/913). Die Bedeutung beider Fremdwörter ist allerdings, meiner Meinung nach, allgemein bekannt. Damit trifft auch diese Definition nicht das, was wahrscheinlich mit dem Fremdwörter-Tabu gemeint ist.

Darüber hinaus wäre es besonders in der Radiosprache in einigen Fällen nicht sehr sinnvoll, die deutschen Entsprechungen zu wählen. *Revier-Derby* (vgl.

---

54 Zu Grunde liegt hier das Fremdwörterlexikon von Renate Wahrig-Burfeind aus dem Jahr 2003.

55 Bei den Zitaten aus den Transkripten der Sender Eins Live und WDR 2 steht die Zahl nach dem ersten Komma für die Seitenzahl, die Zahl nach dem zweiten Komma für die Zeilenzahl.

Transkript Eins Live, 8, 367) müsste dann beispielsweise durch *Gebiets-Wett-kampf* (vgl. Wahrig-Burfeind 2003, 194/817) ersetzt werden. Das ist wahrscheinlich nicht im Sinne der um Alltagssprache bemühten Radioredakteure. Wegen dieser Schwierigkeiten, eine Definition des Begriffs *Fremdwörter* zu finden, die dem Untersuchungsmaterial gerecht wird, habe ich mich für den weit gefassten und ursprünglichen Fremdwörterbegriff entschieden. Die Folge ist allerdings, dass die Ergebnisse hier nur als eingeschränkt aussagefähig gewertet werden können.

Es wird ebenfalls codiert, wie viele Zahlennennungen in einem Satz vorkommen, sowie ob der Satz nur ein Thema oder mehrere Themen anschneidet. Des Weiteren wird geprüft, ob Jargon-Formulierungen benutzt werden, wie zum Beispiel *kicken* für Fußball spielen. Außerdem wird die Zahl der Abkürzungen erfasst. Eine weitere Kategorie bildet die Stellung des Prädikats im Satz. Bei Prädikatsklammern, die ebenfalls gezählt werden, wird der jeweils erste Verbteil als Prädikat gewertet. Schließlich werden noch die Konjunktivverwendungen gezählt, sowie die Verwendung von Worterklärungen.

6.3 Inhaltsanalytischer Vergleich der *Infos* auf Eins Live mit den Nachrichten auf WDR 2

In diesem Kapitel werden nun die Analyseergebnisse der ausgewählten Nachrichtensendungen dargestellt. Dabei orientiere ich mich an den drei getroffenen Analyseeinheiten *Nachrichtensendungen*, *Meldungen* und *Sätze*. Die Ergebnisse gehen, wie schon erwähnt, sowohl auf qualitative als auch quantitative Methoden zurück. Ich beginne mit der Analyseeinheit *Nachrichtensendungen*.

6.3.1 Die Nachrichtensendungen

Betrachtet man die Nachrichtensendungen als Ganzes sind sehr große Unterschiede zwischen den Sendungen auf Eins Live und auf WDR 2 festzustellen.

Zunächst einmal fallen die deutlichen Unterschiede bezüglich der Länge der Nachrichtensendungen beider Sender auf. Die untersuchten Nachrichtenblöcke auf Eins Live dauern im Durchschnitt 3:31 Minuten, im Vergleich dazu die auf WDR 2 6:31 Minuten, also fast doppelt so lang. Der kürzeste Nachrichtenblock auf Eins Live lief am Sonntag, den 13.02.2005 um 10 Uhr morgens und war 2:54 Minuten lang, der längste war mit 4:41 Minuten genau 1:47 Minuten länger und lief am Freitag, den 11.02.2005 um 15 Uhr. Bei WDR 2 liegen zwischen dem kürzesten und dem längsten untersuchten Nachrichtenblock 1:23 Minuten. Der kürzeste lief am Mittwoch, den 09.02.2005 um 20 Uhr und war 05:38 Minuten lang, der längste war am Mittwoch, den 09.02.2005 um 8 Uhr mit einer Länge von 7:01 Minuten zu hören. Vergleicht man die Länge der beiden Blöcke in der Primetime werktäglich zwischen fünf und neun Uhr morgens mit den Zielvorgaben, die von Sabine Henkel bezüglich der gewünschten Länge geäußert wurden, ist festzustellen, dass die beiden Nachrichtensendungen etwas länger sind. Nach Sabine Henkel sollten sie drei Minuten nicht überschreiten; die beiden in dieser Primetime liegenden analysierten Blöcke liegen bei 3:21 Minuten (Mittwoch, 09.02.2005, 7 Uhr) und 3:23 Minuten (Mittwoch, 09.02.2005, 8 Uhr). Der letztere ist zum Vergleich bei WDR 2, wie eben beschrieben, der längste aller untersuchten Blöcke. Festzustellen bleibt also, dass die Nachrichtensendungen auf Eins Live wesentlich kürzer sind als die auf WDR 2. Die beiden Eins Live-Sendungen in der morgendlichen Primetime, die besonders kurz sein sollten, sind allerdings nur etwas kürzer als der durchschnittliche Nachrichtenblock. Bei WDR 2 scheint es diese Vorgabe nicht zu geben, da in dieser Zeit der längste aller untersuchten Blöcke zu finden ist.

Die Anzahl der Meldungen pro Nachrichtenblock gibt einen Teil der Antwort auf die Frage, warum die Nachrichtenblöcke der beiden Sender so unterschiedlich lang sind. Denn bei Eins Live werden in einer Nachrichtensendung durchschnittlich 4,3 Meldungen vorgetragen, bei WDR 2 sind es durchschnittlich 6,4, also über zwei Meldungen mehr. Das Ergebnis für Eins Live liegt genau in der von Sabine Henkel genannten Vorgabe, vier bis fünf Meldungen in eine Nachrichtensendung zu nehmen. Wirft man schon hier einen Blick in die Meldungsebene, fällt auf, dass auch die Anzahl der Sätze pro Meldung bei Eins Live niedriger liegt als bei WDR 2, eine Meldung auf Eins Live besteht durchschnittlich aus 5,8 Sätzen, eine Meldung auf WDR 2 aus sieben.[56] All dies trägt zu den großen Unterschieden in der Länge der Nachrichtenblöcke bei.

Doch nicht nur die Länge der Nachrichtensendungen verursacht einen stark differierenden Höreindruck. Mehrere formale Unterschiede lassen die Nachrichtensendungen auf Eins Live dynamischer und schneller wirken. Zum Beispiel wird bei Eins Live, wie auch schon im vorangegangenen Kapitel erwähnt, zu bestimmten Zeiten der Sprecherwechsel praktiziert. Sechs von den zehn analysierten Nachrichtenblöcken wurden von zwei Sprechern, einem männlichen und einer weiblichen Sprecherin, vorgetragen. Drei der übrigen Sendungen wurden am Sonntag, den 13.02.2005 aufgezeichnet, die vierte am Mittwoch, den 09.02.2005 um 20 Uhr. Diese von nur einem Sprecher vorgetragenen Blöcke sorgen für das leicht unausgeglichene Geschlechterverhältnis der Sprecher in den untersuchten Nachrichtensendungen. Insgesamt stehen neun weibliche Sprecher sieben männlichen gegenüber, das ergibt einen Anteil von 56%[57] weiblicher Präsentatoren. WDR 2 praktiziert keinen Sprecherwechsel; hier trägt immer nur ein Redakteur vor. Das Geschlechterverhältnis bei WDR 2 ist sehr unausgeglichen; es gab zwei weibliche und acht männliche Präsentatoren, der Anteil weiblicher Stimmen liegt hier also bei nur 20%.

Die Sprecher der Nachrichten auf Radio Eins Live klingen sehr jung. Das gilt auch für die 40-jährige Sabine Henkel, die einen Nachrichtenblock zusammen mit einem Kollegen präsentiert. Die Sprecher von WDR 2 wirken weitaus gesetzter und klingen älter.

Nach der Einleitung durch den Thema-Jingle, in dem der Sender, der Tag sowie die gerade laufende Sendung genannt werden, kündigt bei Eins Live der jeweilige Moderator die einzelnen Nachrichtensendungen an. Oft wird dabei eine ähnliche Formulierung benutzt wie die Folgende: »Hallo, ich bin's, Vanessa Nolte und das sind die Infos« (Transkript Eins Live, 9, 437). Manchmal weichen die Moderatoren leicht von dem klassischen Muster ab und machen lustig gemeinte Bemerkungen. So singt Olli Briesch: »Am Aschermittwoch is' alles vor-

---

56 Bei diesen Zahlen sind die Sätze der O-Töne nicht mitgerechnet. Bezieht man diese in die Rechnung mit ein, kommt man auf durchschnittlich 6,2 Sätze bei Eins Live und 7,2 bei WDR 2.

57 Um eine bessere Lesbarkeit zu gewährleisten, wird in dieser Arbeit einheitlich diese Form gewählt, um Prozentzahlen auszudrücken.

bei. Guten Morgen, hier ist Olli Briesch und da sind die Infos« (Transkript Eins Live, 1, 3/4). Diese Form der Ankündigung durch den Moderator ist ein sehr lockerer Einstieg in die Nachrichten. Bei WDR 2 kommt der Moderator am Anfang der Nachrichtensendungen nicht zu Wort. Bei den meisten der untersuchten Blöcke nennt der Nachrichtensprecher nach der Einleitung durch den Thema-Jingle *WDR 2, Nachrichten* (vgl. z.B. Transkript WDR 2, 1, 1), die Uhrzeit und seinen eigenen Namen, zum Beispiel: »Um sieben Uhr mit Udo Steel« (Transkript WDR 2, 1, 2).[58] Diese sehr schematische Einleitung der Nachrichten wirkt gesetzter und seriös.

Bei Eins Live werden den Meldungen durchgängig Schlagzeilen vorangesetzt. Als Beispiel soll hier die Nachrichtensendung von Sonntag, dem 13.02.2005 um zehn Uhr dienen. Hier lauten die Schlagzeilen: »Trauerveranstaltung in Dresden, Explosion in Paris und das Wetter: Es gibt Schnee« (Transkript Eins Live, 8, 388-390). Sie werden vorgetragen, nachdem sich der Präsentator namentlich vorgestellt hat (in Blöcken mit zwei Sprechern: nachdem beide vorgestellt wurden), und bevor die Meldungen verlesen werden. Präsentieren zwei Sprecher, lesen sie die Schlagzeilen abwechselnd vor. Auch die Verwendung der Schlagzeilen bringt, so der subjektive Höreindruck, ein höheres Tempo in die Nachrichtenblöcke des Senders Eins Live. Bei WDR 2 werden keine Schlagzeilen verwendet.

Die einzelnen Nachrichtenbeiträge werden bei Eins Live durch Trenn-Jingles voneinander abgehoben. Nach den Schlagzeilen und nach jeder Meldung, mit Ausnahme der letzten, ertönt ein Geräusch, das sich wie ein Zischen anhört. Dieses Zischen und der Sprecherwechsel, der bei sechs der untersuchten Nachrichtenblöcke stattfindet, machen die einzelnen Meldungen deutlich voneinander unterscheidbar. Längere Pausen werden nicht zusätzlich gemacht. Mit Pausen werden dagegen bei WDR 2 die Meldungen voneinander abgegrenzt. Zwischen ihnen lässt der jeweilige Sprecher teilweise eine mehrsekündige Pause.

---

58 Eine Ausnahme bilden hier die Nachrichtensendung am 09.02.2005 um 20:00 Uhr und am 13.02.2005 um 00:00 Uhr. Hier nennen die Nachrichtensprecher nur die Uhrzeit, nicht aber ihre Namen.

Das Wetter und der Verkehr werden bei Eins Live von Thema-Jingles angekündigt: *Eins Live Wetter* und *Eins Live Stauschau*. Diese fehlen bei WDR 2 völlig, der Nachrichtensprecher übernimmt beim Wetter, der Moderator bei dem Verkehr die Ankündigung. Auch die Wettervorhersage variiert von Sender zu Sender in der Länge sehr. Bei Eins Live ist es durchschnittlich 15 Sekunden lang, bei WDR 2 33 Sekunden, also mehr als doppelt so lang.

Insgesamt ist das Wetter bei WDR 2 ausführlicher; außerdem wird nicht selten ein Ausblick über die nächsten drei, in einem Fall sogar über die nächsten vier Tage gegeben (vgl. Transkript WDR 2, 18, 896-903), während die Redakteure von Eins Live sich immer auf höchstens die nächsten zwei Tage beschränken. Auch das ausführlichere Wetter trägt nicht zuletzt zu der höheren Gesamtlänge der Blöcke von WDR 2 bei. Der Verkehr wird bei Eins Live von einem Nachrichtensprecher, bei WDR 2 von dem jeweiligen Moderator vorgelesen.

Ein wesentlicher Unterschied zwischen beiden Sendern liegt in der Verwendung von Musikteppichen. Bei Eins Live ist in den Nachrichtensendungen durchgehend ein Musikteppich zu hören. Er klingt wie ein sphärisches Rauschen und wird während der Stauschau etwas rhythmischer. WDR 2 hingegen verwendet während der Meldungen keinen Musikteppich, was die WDR-2-Nachrichten deutlich langsamer und undynamischer wirken lässt. Während des Wetters allerdings wird in acht[59] der analysierten Nachrichtenblöcke ein Musikteppich eingespielt, der schlagzeugähnlich klingt und mit anfänglichen Tönen das Wetter von den Meldungen abgrenzt. Mit Beginn der Verkehrshinweise erlischt der Musikteppich wieder.

Das schon in Kapitel 5 erwähnte, für Eins Live typische Geplänkel zwischen dem Moderator und dem oder den Nachrichtenpräsentatoren findet sich auch in den hier analysierten Blöcken wieder. In drei Nachrichtensendungen kommt es im Anschluss an die Stauschau zu einer spontan wirkenden Kommunikation zwischen dem jeweiligen Moderator und mindestens einem der Nachrichtensprecher; in einem der drei Fälle ist diese Kommunikation auf einen Versprecher der einen Präsentatorin zurückzuführen. Dies geschieht im

---

59 Die Ausnahmen bilden die Blöcke am Mittwoch, den 09.02.2005 um 20 Uhr sowie am Sonntag, den 13.02.2005 um null Uhr.

Nachrichtenblock am Montag, dem 14.02.2005 um 17 Uhr, als Sabine Henkel, die Chefin vom Dienst, zusammen mit einem Kollegen die Nachrichten verliest. In der zweiten Meldung sagt Sabine Henkel »In der Hauptstadt Beyruth explodierte eine Atombombe [Pause] eine Autobombe in einem Touristenviertel« (Transkript Eins Live, 12, 578/579). Es passiert ihr also ein altbekannter Versprecher, der schon im Film *Der bewegte Mann* für Belustigung sorgte. Danach werden die Meldungen zunächst ohne weiteren Zwischenfall weiter verlesen. Während der Stauschau dann fängt die Moderatorin Anja Backhaus immer wieder an zu lachen, was von Sabine Henkel zunächst ignoriert wird. Nach dem letzten Stau fragt sie dann: »Anja, was ist so lustig?« (Transkript Eins Live 13, 622). Die Moderatorin fragt darauf: »Sabine, da ist aber keine Atombombe explodiert, oder?« (Transkript Eins Live 13, 623). Während nun auch der zweite Nachrichtensprecher lacht, antwortet Sabine Henkel: »Das ist ja so der Horror eines jeden, der in ein Mikrofon sprechen darf, davon hab ich schon so oft geträumt, heute ist es wahr geworden« (Transkript Eins Live 13, 625-628). Der zweite Nachrichtensprecher bestätigt Sabine Henkel, indem er den Vorfall als den *typischen Horror* bezeichnet, und Anja Backhaus sagt noch einmal lachend »der Alptraum« (Transkript Eins Live 13, 629), bevor nach einem *ja* von Sabine Henkel schließlich der Thema-Jingle mit dem Sendungsnamen startet. Diese Kommunikation wirkt sehr erheiternd, vorausgesetzt man hat den Versprecher der Nachrichtensprecherin gehört. Die drei Beteiligten, allen voran Anja Backhaus und Sabine Henkel selbst, lösen die zunächst etwas peinliche Situation auf, indem sie den Versprecher noch einmal thematisieren. Was zunächst vielleicht so empfunden werden könnte, als wolle sich die Moderatorin lustig machen und sozusagen in der Wunde bohren, gibt auf der anderen Seite Sabine Henkel die Möglichkeit, ein menschliches Gesicht zu dem Versprecher zu zeigen. Indem sie zugibt, schon oft von genau diesem Versprecher geträumt zu haben, gibt sie vielen Hörern wahrscheinlich das Gefühl, an etwas sehr Seltenem und Lustigem teilgehabt zu haben.

Die anderen beiden Geplänkel zwischen Moderator und Nachrichtensprecher finden am Freitag, den 11.02.2005 um 14 und 15 Uhr statt, beide unter Beteiligung des Moderators Thomas Bug. Dieser schaltet sich in beiden Fällen nach der Stauschau ein, indem er den männlichen Nachrichtensprecher anspricht. In dem Block um 14 Uhr sagt er: »Schmitzmann, ich habe gerade die Nachricht gekriegt, das Oberradiogericht hat entschieden, dass diese Stauschau wiederholt werden muss!« (Transkript Eins Live, 5, 237/238). Darauf entgegnet der Nachrichtensprecher Oliver Schmitz: »Weil die wieder unter aller ...« (Transkript Eins Live, 5, 239) und wird von Thomas Bug unterbrochen: »Ja, es gab gerade einen Anpfiff und du sollst um halb drei noch mal antreten, lass das Trikot am besten an« (Transkript Eins Live, 5, 240/241). Der Nachrichtensprecher bestätigt mit *ok* und der Thema-Jingle mit dem Sendungsnamen wird gestartet. Thematisch schließt sich diese Kommunikation wahrscheinlich an die in der Nachrichtensendung platzierte Meldung zum Thema Schiedsrichterskandal in der Regionalliga an. Genau verständlich wird aber nicht, was der Moderator meint, denn die Stauschau findet um diese Zeit immer jede halbe Stunde statt. Hier wird die Spontaneität des Geplänkels deutlich, da Oliver Schmitz zunächst offensichtlich nicht weiß, worauf der Moderator hinaus will.

In der nächsten lockeren Kommunikation zwischen Moderator und Nachrichtensprecher, eine Stunde später, redet erneut Thomas Bug Oliver Schmitz an. Er fragt: »Was sollte das denn?« (Transkript Eins Live, 7, 323), Schmitz fragt zurück: »Was denn?« (Transkript Eins Live, 7, 324), darauf sagt Thomas Bug:

> »Von wegen Grippe und tot umfallen und - das könnt ihr mit einem Hypochonder wie mir aber nicht machen. Da fühle ich mich schon ganz schlecht. Der Kanzler ist schon tot fast, also...« (Transkript Eins Live, 7, 325/326 und 328).

Währenddessen sagt der Nachrichtensprecher »Hörst du das nicht, wie schlimm es geht?« (Transkript Eins Live, 7, 327) und nachdem Thomas Bug ausgeredet hat: »Sei froh, dass wir es noch ans Mikro schaffen« (Transkript Eins Live, 7, 329). Auch hier wird ein Bezug zu einer vorher vorgelesenen Meldung deutlich, die das Thema Grippewelle behandelt hat und in der auch der an einer Erkältung erkrankte Bundeskanzler Gerhard Schröder erwähnt wurde. Diese Kommunikation wirkt ebenfalls nicht abgesprochen und etwas unausgeglichen, da offensichtlich der Moderator schon länger überlegt hat, was er sagen will, während der Nachrichtensprecher spontan reagieren muss. Auch hier fehlt jedoch ein eindeutiger Sinn der Aussage von Thomas Bug. Zwar wirkt das Geplänkel sehr locker und schafft einen Übergang zwischen den seriösen Nachrichten und Thomas Bugs eher lustigen Moderationen während seiner Sendung. Es entsteht jedoch der Eindruck, als habe der Moderator unbedingt eine lockere

Kommunikation an die Nachrichtensendung anschließen wollen, als gehe es also nicht um Inhalte, sondern um das Geplänkel an sich.

Zusammenfassend lässt sich sagen, dass all diese bisher aufgezählten Faktoren die *Infos* auf Eins Live sehr viel dynamischer, jünger und moderner erscheinen lassen als die Nachrichten auf WDR 2. Auch der in Kapitel 5 erläuterte Name *Infos* an Stelle von *Nachrichten*, der vom Moderator bei der Ankündigung der Nachrichtensendung benutzt wird, bekräftigt den Gesamteindruck. Ermittelt man die Schnelligkeit, mit der die Nachrichtenpräsentatoren sprechen, lässt sich ebenfalls ein Unterschied feststellen. Berechnet man die Anzahl der Wörter in allen Meldungen zusammen im Verhältnis zur Gesamtdauer aller Meldungen, ergibt sich, dass die Nachrichtensprecher auf Eins Live durchschnittlich 158 Wörter pro Minute sprechen, auf WDR 2 145, also 13 Wörter weniger. Der Höreindruck bestätigt das Ergebnis, denn wie schon erwähnt, wirken die Nachrichten auf WDR 2 wesentlich langsamer gesprochen als auf Eins Live.

6.3.2 Die Meldungen

In diesem Kapitel wende ich mich nun den einzelnen Meldungen der Sender Eins Live und WDR 2 zu. Sie weisen deutlich mehr Gemeinsamkeiten auf, als es der unterschiedliche Gesamteindruck vermuten lässt, doch auch hier gibt es Unterschiede.

Die durchschnittliche Länge einer Meldung beträgt bei Eins Live knapp 30 Sekunden, bei WDR 2 sind es gut 40 Sekunden, also deutlich mehr. Auch die Anzahl der Sätze ist bei Eins Live, wie schon erwähnt, niedriger. Es sind durchschnittlich 5,8 Sätze pro Meldung, bei WDR 2 sind es sieben. Zählt man auch die Sätze der Original-Töne hinzu, kommt man auf durchschnittlich 6,2 Sätze bei Eins Live und 7,2 bei WDR 2. Es scheint also, als beinhalteten die Meldungen auf WDR 2 aufgrund der längeren Dauer mehr Information als die auf Eins Live.

Die eindeutig am stärksten vertretene Meldungsform ist die trockene Meldung, also eine reine Wortmeldung. 25 Meldungen bei Eins Live, also 58% aller

Meldungen, sind trocken. Bei WDR 2 sind es 42, also mit 66% der Meldungen etwas mehr. Deutliche Unterschiede zwischen den beiden Sendern gibt es bei der Verwendung von Original-Tönen. Bei Eins Live liefen neun reine O-Ton Meldungen, hinzu kommen zwei gesendete O-Töne in der so genannten *Mischform*, bestehend aus einer O-Ton Meldung und der Sonderform *Die Einzelheiten*. Zählt man diese Mischform mit, sind 26% der Meldungen auf Eins Live O-Ton Meldungen. Bei WDR 2 liefen ganze zwei O-Ton Meldungen, das entspricht 3% aller Meldungen. Offensichtlich gehören folglich bei Eins Live O-Töne viel selbstverständlicher zu den Nachrichtensendungen dazu als bei WDR 2.

Betrachtet man die Original-Töne näher, ist festzustellen, dass bei Eins Live 56% der O-Töne von Politikern gegeben wurden, der Rest von Fachleuten, also Sportlern, Experten und anderen. Bei WDR 2 sind beide Original-Töne Statements von Politikern. Auch die Länge der O-Töne divergiert sehr. Die durchschnittliche Wortanzahl der Originalaussagen auf Eins Live beträgt 26, die beiden O-Töne auf WDR 2 sind durchschnittlich 106 Wörter lang, also wesentlich länger.

Einen weiteren Unterschied in der Verwendung von Meldungsformen gibt es bei den Aufsagern. Nur ein Aufsager findet bei Eins Live Verwendung, bei WDR 2 sind es 16; jede vierte Meldung auf WDR 2 ist also in Form eines Aufsagers geschrieben und präsentiert worden. Dieser Unterschied mag daran liegen, dass Eins Live die Sonderform *Die Einzelheiten* im Programm hat, die der Meldungsform mit einem Aufsager sehr ähnlich ist. Vier Meldungen bei Eins Live sind in der Reinform *Die Einzelheiten* präsentiert worden, weitere zwei in einer Mischform aus O-Ton und *Die Einzelheiten*. Zusammengenommen sind das 14% aller Meldungen. Die möglichst zu erfüllende Vorgabe, die Sabine Henkel in dem Interview geäußert hat, dass in den Kernzeiten immer eine Meldung in der Form von *Die Einzelheiten* geschrieben sein sollte, wird erfüllt. Die vier Nachrichtensendungen, in denen diese Form oder die Mischform nicht verwendet wird, wurden am Sonntag oder am Mittwochabend um 20 Uhr präsentiert. Zu diesen Zeiten werden die Blöcke von nur einem Präsentator gesprochen, so dass die Form *Die Einzelheiten* gar nicht realisierbar ist. Korrespondentenberichte werden bei Eins Live in zwei, bei WDR 2 in vier Fällen eingesetzt. Das lässt prozentual gesehen kaum einen Unterschied erkennen, denn bei Eins Live sind es 5% der Meldungen, bei WDR 2 6%.

Im Folgenden sollen die Meldungsthemen näher betrachtet werden. Eine Tabelle soll hier der Veranschaulichung dienen.

Tabelle 1[60]: Themen

	Eins Live	*WDR 2*
Hard-News	*60%*	*63%*
Soft-News	*40%*	*38%*
Internationale Politik	14%	19%
Verteidigungspolitik/Militär	5%	2%
Sozialpolitik	2%	2%
Umweltpolitik	5%	3%
Kultur- und Wissenschaftspolitik	2%	2%
Allgemeine Innenpolitik	14%	11%
Wirtschaftspolitik	0%	6%
Wirtschaft	0%	0%
Gesundheitswesen	5%	0%
Arbeitsmarkt	9%	13%
Skandale/Affären/Rücktritte	21%	11%
Kriminalität/ Verbrechen	5%	5%
Unglücke/Katastrophen/Unfälle	9%	9%
Sport	5%	5%
Unterhaltung/Freizeit	2%	5%
Service	0%	2%
Sonstiges	2%	5%

Die auf Radio Eins Live am häufigsten gemeldete Themenkategorie ist *Skandale/Affären/Rücktritte von Politikern und anderen Prominenten.* Neun Meldungen fallen unter diese Kategorie, das sind 21% aller Meldungen. Bei WDR 2 sind es mit 11% der Meldungen deutlich weniger. Der Schiedsrichterskandal um Robert Hoyzer ist der meist thematisierte Skandal dieser Kategorie, bei Eins Live wurden sechs, auf WDR 2 fünf Meldungen über ihn verfasst. Jeweils zweimal

---

60 Etwaige Abweichungen von 100% ergeben sich durch kaufmännisches Runden der einzelnen Summanden.

pro Sender wird auch die Visa-Affäre um Joschka Fischer thematisiert. Bei Eins Live kommt eine Meldung über den Rücktritt des Präsidenten des Fußballbundesligaclubs Borussia Dortmund hinzu.

Mit jeweils 14% aller Meldungen sind die Themen *Allgemeine Innenpolitik* und *Internationale Politik* bei Eins Live am zweithäufigsten vertreten. Bei WDR 2 ist das Thema *Internationale Politik* die weitaus am häufigsten thematisierte Kategorie, 12 Meldungen konnten diesem Thema zugeordnet werden, das sind 19% aller Meldungen. 11% der Meldungen fallen unter die Kategorie *Allgemeine Innenpolitik*.

Gar nicht thematisiert werden bei Eins Live die Themen *Wirtschaft, Wirtschaftspolitik* und *Service*. Dazu muss angemerkt werden, dass Fußballergebnisse in dem angewandten Kategorienschema als Sport gezählt wurden und nicht als Service. Bei WDR 2 gibt es vier Meldungen zum Thema *Wirtschaftspolitik* und eine zum Thema *Service* (das sind die Lottozahlen).

Die Themenkategorien *Arbeitsmarkt* und *Unglücke/Katastrophen/Unfälle* machen jeweils 9% aller Meldungen auf Eins Live aus. Der *Arbeitsmarkt* wird bei WDR 2 in 13% aller Meldungen thematisiert, *Unglücke/Katastrophen/Unfälle* wie bei Eins Live auch in 9% aller Meldungen. Ein kleiner Unterschied zwischen den beiden Sendern lässt sich aus dem Thema *Gesundheitswesen* ersehen, denn bei WDR 2 gibt es keine Meldung hierzu, bei Eins Live sind mit zwei Meldungen immerhin 5% zu diesem Thema geschrieben worden. Die restlichen Themenkategorien sind jeweils nur recht selten vertreten und können aus der Tabelle ersehen werden.

Interessant sind zudem die Ergebnisse der Aufteilung in *Hard-News* und *Soft-News*. Die Themen *Kriminalität/Verbrechen, Unglücke/Katastrophen/Unfälle, Sport, Unterhaltung/Freizeit, Service* und *Sonstiges* fallen unter die Kategorie *Soft-News*. Hinzu kommt ein Teil der Kategorie *Skandale/Affären/Rücktritte von Politikern und sonstigen Prominenten*. Hier wurden alle Meldungen zum Schiedsrichterskandal sowie zum Rücktritt des Präsidenten des Fußballclubs Borussia Dortmund zu den *Soft-News* gezählt, Meldungen zur Visa-Affäre allerdings zu den *Hard-News*. Das Ergebnis ist für beide Sender recht ähnlich: 60% aller Meldungen auf Eins Live fallen unter die Kategorie *Hard-News*, 40% unter

Soft-News. Bei WDR 2 gibt es 63% *Hard-News* und 38% *Soft-News*.[61] Beide Sender nehmen also mehr *Hard-News* ins Programm als *Soft-News*; mit jeweils rund 40% machen letztere aber keinen verschwindend geringen Anteil der Meldungen aus. *Soft-News* scheinen sich also in Hörfunknachrichtensendungen etabliert zu haben.

Die Position eins im Nachrichtenblock, also die wichtige Position des *Aufmachers*, teilen sich bei Eins Live vier Themenbereiche. Jeweils dreimal wird eine Nachrichtensendung mit den Themen *Allgemeine Innenpolitik*, *Arbeitsmarkt* und *Skandale/Rücktritte/Affären* (hiervon zweimal Schiedsrichterskandal, einmal Visa-Affäre) begonnen, einmal bildet das Thema *Internationale Politik* den Anfang. Der Beginn eines Nachrichtenblocks mit dem Thema Schiedsrichterskandal kommt bei WDR 2 nicht vor und könnte als Indiz dafür gewertet werden, dass sich der Sender Eins Live damit auf die vermuteten Interessen der Zielgruppe einstellt. Bei WDR 2 wird jeweils dreimal mit den Themenbereichen *Arbeitsmarkt* und *Internationale Politik* begonnen, jeweils einmal machen die Themen *Verteidigungspolitik/Militär*, *Sozialpolitik*, *Allgemeine Innenpolitik* und *Skandale/Rücktritte/Affären* den Anfang. Insgesamt also sind die *Aufmacher* beider Sender hauptsächlich den *Hard-News* zuzuordnen. 100% der ersten Meldungen einer Nachrichtensendung auf WDR 2 sind *Hard-News*, 80% auf Eins Live.

Auch die Betrachtung der jeweils letzten Meldung, also des *Rausschmeißers*, ist interessant. Bei Eins Live werden auf dieser Position neben den *Soft-News Unterhaltung*, *Unglücke/Katastrophen/Unfälle* und *Sport* auch *Hard-News*, nämlich *Internationale Politik*, *Allgemeine Innenpolitik*, *Verteidigung/Militär* und *Umweltpolitik* gemeldet. Bei WDR 2 finden sich die *Hard-News*-Themenbereiche *Arbeitsmarkt* und *Umweltpolitik* in der Position des *Rausschmeißers* wieder, zwar auch *Skandale/Affären/Rücktritte*, hier aber ausschließlich der Schiedsrichterskandal. Die anderen Themen stammen alle aus der *Soft-News* Kategorie, nämlich *Unterhaltung/Freizeit*, *Unglücke/Katastrophen/Unfälle*, *Sport* und *Service*. Insgesamt kommt man bei der letzten Meldungsposition bei Eins Live auf einen Anteil von 50% *Soft-News*, bei WDR 2 von 80%, ein recht großer Unterschied. WDR 2 scheint also den *Rausschmeißer* in der Regel mit eher seichteren Themen zu bestücken. Mit der Hälfte

---

61 Die Abweichung von 100% ergibt sich durch kaufmännisches Runden der einzelnen Summanden.

der Meldungen liegt trotzdem auch bei Eins Live auf der letzten Position der *Soft-News* Anteil etwas höher, als *Soft-News* insgesamt mit ins Programm genommen werden.

Auch bei der Aufteilung in erwartete beziehungsweise überraschende Meldungen gibt es kleine Unterschiede. 21% der Meldungen auf Radio Eins Live beinhalten erwartete Ereignisse, nur 8% hingegen bei WDR 2 sind vorher absehbar gewesen. Meldungen, die aus der Public-Relations-Branche entstanden sind oder auf eigener Recherche beruhen, kommen im untersuchten Material nicht vor.

Eine ähnliche Differenz gibt es bei der Faktizität der Meldungen. In 19% der Meldungen bei Eins Live wurde bei der Kategorisierung die Frage, ob das Ereignis konkret ersichtliche Handlungen nicht verbaler Art enthält, verneint. Bei WDR 2 trifft dies nur auf 6% der Meldungen zu. Je zweimal fallen bei Eins Live die Themen Visa-Affäre und Schiedsrichterskandal unter die Kategorie der nicht-faktischen Ereignisse, einmal ist es ein Aufruf zur Zusammenarbeit zwischen den USA und Europa, einmal ein potenzieller Friedenseinsatz in Nahost, einmal das angedachte Werbeverbot für Schönheitsoperationen und in einem Fall der Plan der Regierung, das Versammlungsrecht zu verschärfen. All diese Ereignisse haben also gemeinsam, dass sie keine Handlung nicht verbaler Art beinhalten, daher nur aus Aussagen bestehen. Auch dieser bei Eins Live höher liegende Wert mag überraschen. Im Interview betont Sabine Henkel, dass Ereignisse den Redakteuren mehr wert seien als Debatten mehrfach wiederzugeben (vgl. Henkel 2005, 7, 327/328). Damit ist wahrscheinlich der Unterschied zwischen faktischen und nicht-faktischen Meldungen gemeint. So ist etwas verwunderlich, dass jede fünfte Meldung auf Eins Live auf ein nicht-faktisches Ereignis zurückgeht.

Die Zeitpunkte der thematisierten Ereignisse betrachtend, lassen sich weitere, allerdings recht kleine Unterschiede zwischen den beiden untersuchten Sendern feststellen. Zur Verdeutlichung soll hier erneut eine Tabelle dienen.

Tabelle 2[62]: Ereigniszeit

	Eins Live	*WDR 2*
Ereignisse in der Zukunft gesamt	12%	20%
Ereignisse in der Vergangenheit gesamt	49%	45%
Ereigniszeit nicht erkennbar	5%	2%
Zukunft ohne weitere Spezifikation	12%	13%
Später als morgen	0%	6%
Morgen	0%	2%
Heute, vergangene Nacht, ›jetzt‹	35%	33%
Gestern	0%	8%
Früher als gestern	5%	6%
Vergangenheit ohne weitere Spezifikation	44%	31%

12% der Meldungen auf Eins Live haben Ereignisse, die in der Zukunft liegen, zum Thema. Bei WDR 2 sind es 20%. Höher ist der Anteil der Ereignisse, die in der Vergangenheit liegen: 49% der Meldungen auf Eins Live thematisieren Ereignisse aus der Vergangenheit, 45% der Meldungen auf WDR 2. Die Kategorie *Heute, vergangene Nacht, ›jetzt‹* wurde weder zur Zukunft noch zur Vergangenheit hinzugerechnet. Dieser Kategorie entsprechen bei Eins Live 35% aller Meldungen, bei WDR 2 sind es 33%. Diese Ergebnisse bedeuten, dass es in den *Infos* auf Eins Live etwas weniger Ausblicke in das kommende Tages- oder Wochengeschehen gibt, als in den Nachrichten auf WDR 2. Diese Werte könnten auf den ersten Blick dem Leitmotiv *Zukunft* des Senders Eins Live widersprechen. Es ist allerdings fraglich, ob dieses Motto, das sich vor allem auf die persönliche Zukunft der Hörer bezieht, mit Meldungen, die in der Zukunft liegende Ereignisse thematisieren, umgesetzt werden soll.

Betrachtet man den Ort des Ereignisses näher, also Nordrhein-Westfalen, Deutschland, Europa oder die Welt, sind enorme Übereinstimmungen zwischen den beiden Sendern feststellbar. 9% der Meldungen auf Eins Live und 11% derer auf WDR 2 haben Geschehnisse zum Thema, die sich in Nordrhein-Westfalen ereignet haben. 60% (Eins Live) beziehungsweise 61% (WDR 2) der Ereignisse

---

62 Etwaige Abweichungen von 100% ergeben sich durch kaufmännisches Runden der einzelnen Summanden.

geschahen in Deutschland. Ähnlich nah beieinander sind die Ergebnisse für den Ereignisort Europa, 19% der Meldungen auf Eins Live thematisieren Geschehnisse in Europa, 17% auf WDR 2. Und auch die Werte für Ereignisse in der Welt sind fast gleich, es sind 12% bei Eins Live und 11% bei WDR 2.

Auch bei den expliziten Verweisen auf eine regionale Bedeutung gibt es kaum Unterschiede zwischen den Sendern. Insgesamt kommen bei Radio Eins Live nur drei solcher Verweise vor, nämlich eine aufgehobene Unwetterwarnung für Nordrhein-Westfalen, eine Warnung vor Salmonellen und ein Hinweis darauf, dass Deutschland zum sechzigsten Jahrestag des Kriegsendes im Mittelpunkt der Aufmerksamkeit der Welt stehen wird, bei WDR 2 sind es vier solcher Verweise. Zielgruppengerechte Hinweise, wie sie Sabine Henkel im Interview anführt, zum Beispiel die Arbeitslosenzahlen auf die Jugendarbeitslosigkeit zu beziehen oder bei der Rentenreform den Fokus auf die Beitragszahler zu legen, kommen in den hier untersuchten Nachrichtensendungen nicht vor.

Im Folgenden wird die Beantwortung der sechs *W-Fragen* in allen Meldungen betrachtet und zur Veranschaulichung in einer Tabelle dargestellt.

Tabelle 3: Beantwortung der *W-Fragen*

	Eins Live	*WDR 2*
Frage *Wer* beantwortet?	100%	98%
Frage *Was* beantwortet?	100%	100%
Frage *Wo* beantwortet?	91%	91%
Frage *Wie* beantwortet?	72%	94%
Frage *Wann* beantwortet?	60%	66%
Frage *Warum* beantwortet?	53%	58%

Die Frage *Was* wird in allen Meldungen beider Sender beantwortet, die Frage *Wer* ebenfalls bei Eins Live und mit Ausnahme einer Meldung bei WDR 2. Jeweils zu 91% findet auch die Frage *Wo* eine Antwort in den Meldungen der beiden Sender. Bei der Frage *Wie* gehen die Zahlen etwas auseinander, in 72% der Meldungen auf Eins Live wird sie beantwortet, in 94% der Meldungen auf WDR 2. Auch die Frage *Wann* findet bei Eins Live nicht ganz so häufig eine

Antwort wie auf WDR 2, 60% zu 66% sind hier die Werte. Schließlich bleibt noch die Frage *Warum* darzustellen; sie wird in den Meldungen auf Eins Live in 53% der Fälle, bei WDR 2 in 58% der Fälle beantwortet. Bedenkt man hier die allgemeine Vorgabe für Nachrichten, möglichst auf alle W-Fragen eine Antwort zu beinhalten, ist hier durchaus ein Manko der untersuchten Nachrichten zu sehen. Allerdings muss gesagt werden, dass es sich aufgrund der notwendigen Kürze von Hörfunknachrichten, vor allem bei dem ausdrücklich nicht als *Info-welle* ausgerichteten Sender Eins Live, wohl sehr schwierig gestalten würde, in jeder Meldung alle W-Fragen zu klären. Gerade die Frage *Wann* wiederum wäre aber sehr einfach zu beantworten, ihre Auslassung verursacht beim Hören des Öfteren das Gefühl, die Sender würden in der weiter zurückliegenden Vergangenheit geschehene Ereignisse als aktuell darstellen wollen.

In 60% der Meldungen auf Eins Live wird die Quelle genannt, bei WDR 2 sind es 66%. Bedenkt man, dass, wie schon in Kapitel 5 erwähnt, in dem von Sabine Henkel verfassten Thesenpapier steht, dass die Redakteure von Eins Live Quellenangaben weglassen sollen, sofern sie nicht dringend notwendig sind, könnte dieser Wert in etwa der Vorgabe entsprechen.

Die Anzahl der Meldungen, in denen Parteien genannt werden, ist bei beiden Sendern fast gleich. 42% der Meldungen auf Eins Live enthalten die Nennung mindestens einer Partei oder eines Politikers, der einer Partei angehört, 41% der Meldungen auf WDR 2. Bei der Frage, welche Parteien oder deren Politiker genannt werden, gibt es ebenfalls große Ähnlichkeiten. Die SPD ist bei beiden Sendern die am häufigsten genannte Partei. Sie oder einer ihrer Politiker kommen bei Eins Live in 23% der Meldungen vor, bei WDR 2 in 22% aller Meldungen. Das sind bei beiden Sendern etwas über die Hälfte der Meldungen, in denen Parteinennungen vorkommen. Ebenfalls sehr ähnlich sehen die Zahlen für die Grünen aus, beide Sender erwähnen diese Partei in 9% ihrer Meldungen, das entspricht jeweils knapp ein Viertel aller Meldungen mit Parteinennungen. Die CDU oder CSU wird bei Eins Live nur in einer einzigen Meldung erwähnt, bei WDR 2 mit 6 Nennungen immerhin in 9% aller Meldungen, das ist knapp ein Fünftel der Meldungen mit Parteinennungen.

Die deutlich höhere Zahl der SPD- und Grünen-Nennungen gegenüber denen der CDU geht unter anderem auf die Regierungsführung durch die SPD zurück. Oft ist die Rede von verschiedenen Ministern, die im Rahmen ihres

Amtes handeln, und damit eben aus den Reihen von SPD und Grünen stammen. Allerdings fällt bei der Betrachtung des Materials auf, dass bei WDR 2 häufiger Positionen gegenübergestellt werden, dass also in Meldungen über die SPD oder die Grünen auch die Meinung oder Kritik der Opposition erwähnt wird. Bei Eins Live werden Regierungs- und Oppositionsparteien nur in einer einzigen Meldung zusammen erwähnt.

Die FDP oder ihre Politiker werden in den hier untersuchten Nachrichtensendungen nicht thematisiert. Aufgrund der recht geringen Anzahl der untersuchten Nachrichtensendungen kann in dieser Arbeit leider keine Aussage darüber getroffen werden, ob bezüglich der FDP in der Berichterstattung beider WDR-Wellen eine grundsätzliche Unausgewogenheit vorhanden ist.

Auf sonstige Parteien entfallen 7% (Eins Live) beziehungsweise 9% (WDR 2). Die NPD oder ihre Politiker kommen bei Eins Live in zwei, bei WDR 2 in drei Meldungen vor. Dreimal werden auf Eins Live die DVU oder die Republikaner genannt, WDR 2 thematisiert diese Parteien in den untersuchten Meldungen nicht. Gerade die Nennungen dieser, politisch rechten, Parteien geht in den untersuchten Nachrichtensendungen darauf zurück, dass vom sechzigsten Jahrestag der Bombardierung Dresdens berichtet wird, an dem es in Dresden unter anderem Demonstrationen von Rechtsradikalen gegeben hat.

Offensichtliche Wertungen kommen in den untersuchten Nachrichtensendungen nur recht selten vor. In den insgesamt 43 Meldungen bei Eins Live finden sich drei solche Formulierungen, zwei davon in Meldungen zum Thema *Schiedsrichterskandal* [in beiden Fällen lautet die Formulierung: »*Niedergeschlagen* und *reumütig* gab sich der 25-jährige im Berliner Fernsehstudio« (Transkript Eins Live, 1, 31)], eine weitere in einer Meldung zum Thema *Demonstration von Rechtsextremisten* [mit der Formulierung: »Der *so genannte* Trauermarsch für die Opfer …« (Transkript Eins Live, 10, 456/457)]. Bei WDR 2 gibt es insgesamt vier tendenzielle Wertungen, eine zum Thema *Nato-Reform*: »Insgesamt wurde in München deutlich, der Ton zwischen den USA und Europa ist wieder freundlicher, viele Sachprobleme aber bleiben« (Transkript WDR 2, 14, 687-689). Außerdem konnte bei WDR 2 eine solche Formulierung zum Thema *Wahl im Irak* [»Die Befürchtung, der Irak könne sich in einen Gottesstaat nach iranischem Vorbild wandeln, ist damit endgültig gebannt« (Transkript WDR 2, 13, 660-662)] ermittelt werden, eine weitere zum Thema *Oskar für Bon-*

ner Unternehmer (enthält in den Formulierungen mehrere leichte Wertungen, vgl. Transkript WDR 2, 12/13, 605-621) und die vierte zum Thema *Fußballbundesliga* [»Dieser Nachschlag zum 21. Spieltag hat es in sich« (Transkript WDR 2, 14, 701)]. Beide Sender halten sich in ihren Nachrichtensendungen mit wertenden Kommentaren also weitgehend zurück, können sich aber nicht völlig frei davon machen. Gerade in Aufsagern oder Korrespondentenberichten sind wertende Äußerungen jedoch auch nicht ganz so stark tabuisiert wie in trockenen Meldungen, denn hier gibt der Experte eine Einschätzung.

In 28% der Meldungen auf Radio Eins Live werden Einordnungen gegeben, zum Beispiel »Das Gebäude war einer der höchsten Wolkenkratzer in Madrid« (Transkript Eins Live, 11, 538), oder »Das Mannschaftsgold war die erste WM-Medaille, diesmal für den Deutschen Skiverband« (Transkript Eins Live, 10, 485/486). Bei WDR 2 enthalten mit 23% aller Meldungen etwas weniger von ihnen eine solche Einordnung. An diesem doch nur recht kleinen Unterschied wird deutlich, dass die Nachrichtenredakteure von Eins Live – trotz des schon beschriebenen Bewusstseins, keine Nachrichten für *Erwachsene* zu schreiben – keine übermäßig vielen erklärenden Einordnungen geben. Es scheint also kein deutlich geringerer Wissensstand bei den Hörern von Eins Live vorausgesetzt zu werden.

Bei der Auswahl der untersuchten Nachrichtensendungen wurde darauf geachtet, in zwei Fällen auch Sendungen zu analysieren, die im Abstand von nur einer Stunde gelaufen sind. So sollte geprüft werden, ob und in welchen Ausmaß die einzelnen Meldungen von Stunde zu Stunde umgeschrieben werden oder ob sie in exakt der gleichen Formulierung verlesen werden. Die ersten beiden Nachrichtensendungen im Abstand von einer Stunde liefen am Mittwoch, den 09.02.2005 um sieben und um acht Uhr morgens. Bei Eins Live ist das Ergebnis recht überraschend, denn der Block ist fast identisch. Die Meldungen an den Positionen eins und drei sind im zweiten Block exakt gleich denen im ersten (so auch der verwendete Original-Ton). Der Meldung an Position vier fehlt nur ein kurzer Teil des letzten Satzes, ansonsten entspricht auch sie genau ihrer Parallelmeldung im Block aus der vorigen Stunde. Nur die Meldung an Position zwei ist ausgetauscht und beinhaltet ein anderes Thema. Sabine Henkel hatte, wie schon beschrieben, im Interview die Aussage getätigt, dass eine Meldung nur einmal genau so wiederholt werden sollte. An dieser Stelle kann nicht überprüft werden, ob diese Regel eingehalten wurde, da die umliegenden Nachrichtensendungen um sechs Uhr, um neun Uhr oder die jeweiligen Sendungen zur halben Stunde nicht untersucht wurden, und so nicht festgestellt werden kann, ob die Meldungen noch einmal exakt so gelaufen sind. Allerdings verwundert es doch etwas, dass gleich drei von vier Meldungen exakt gleich formuliert sind, noch dazu in der Primetime, wo drei Redakteure in der Nachrichtenredaktion arbeiten. Die einzige Erklärung könnte sein, dass, wie schon erwähnt, morgens die Verweildauer der Hörer nach Sabine Henkel nur bei zwanzig Minuten liegt. Bei WDR 2 sind in den entsprechenden Blöcken fünf von sieben Meldungen zum gleichen Thema geschrieben, allerdings nur 2 Meldungen exakt gleich formuliert worden. Dazu kommt eine Meldung, die sehr ähnlich geschrieben ist wie die entsprechende im Block von einer Stunde zuvor. Auch hier wurde also nicht ein komplett neu geschriebener Block vorgetragen, allerdings ist er seinem Vorgänger sehr viel weniger ähnlich, als es bei Eins Live der Fall ist.

Betrachtet man die anderen beiden Nachrichtensendungen, die nur eine Stunde auseinander liegen, nämlich die von Freitag, dem 11.02.2005, um 14 und 15 Uhr, ergibt sich ein völlig anderes Bild, denn der zweite Nachrichtenblock ist hier bei Eins Live komplett anders formuliert als der erste. Nur die Meldungen an der jeweiligen Position eins beinhalten das gleiche Thema, alle anderen Meldungen sind in den beiden Blöcken zu verschiedenen Themen geschrieben worden. Hier weist die Nachrichtensendung, die eine Stunde später lief, also kaum Ähnlichkeiten auf und entspricht damit viel eher dem von Sabine Henkel als gewünscht beschriebenen Bild. Auch bei WDR 2 läuft im zweiten Block nur eine einzige exakt gleich formulierte Meldung.

Die Uhrzeiten der analysierten Blöcke wurden ebenfalls gezielt gewählt. Sowohl die Primetime am Morgen als auch die kleinere Primetime am Mittag für die Schüler und die Primetime am späten Nachmittag für die Autofahrer ist vertreten, daneben auch andere Uhrzeiten. In dem Nachrichtenblock am Freitag, den 11.02.2005, um 14 Uhr ist mit den Themen *Bundesregierung kämpft gegen Rechts*, *Schiedsrichterskandal*, *Waffenruhe Nahost* und *Werbeverbot für Schönheitsoperationen* keine besondere Orientierung an Schülern zu erkennen. Um 15 Uhr am selben Tag allerdings lief eine Meldung darüber, dass immer mehr Studienanfänger sich für einen Bachelor oder Masterstudiengang entscheiden, was durchaus als eine auf Schüler zugeschnittene Nachricht gewertet werden kann. In der Meldung über die Grippewelle kommt die Formulierung: »[...] aber auch junge Leute rennen vermehrt zum Arzt« (Transkript Eins Live, 6, 277/278) vor. Sowohl die Betonung des *jungen* Alters der Betroffenen, als auch die Formulierung *zum Arzt rennen*, lässt auf eine zielgruppengerechte Formulierung schließen. In diesem Nachrichtenblock ist auch, genau eine Stunde zu früh für die vermeintliche Primetime der Autofahrer, eine Meldung darüber zu hören, dass Autos in Zukunft vermehrt mit Rapsöl und Alkohol fahren sollen. Ein Thema also, das wahrscheinlich vor allem Autofahrer interessiert. Da freitags der Berufsverkehr in der Regel auch schon um 15 Uhr in vollem Gange ist (es gab zu dieser Uhrzeit sehr viele Staus), könnte die Platzierung der Meldung sehr bewusst gewählt sein, nämlich zugeschnitten auf die Zielgruppe der Autofahrer. Bis auf den Nachrichtenblock in der Nacht von Samstag auf Sonntag lassen sich ansonsten keine Auffälligkeiten bei der Themenwahl in den Nachrichtensendungen feststellen. In der Sendung am 13.02.2005 um null Uhr ist mit den Themen *Schiedsrichterskandal* und *Fußball-Bundesliga* gleich zweimal das Thema Fußball im erweiterten Sinne vertreten, außerdem gibt es eine Meldung zu einem möglichen Friedenseinsatz in Nahost für die Bundeswehr sowie eine Nachricht zu einem angespülten Wal. Bedenkt man, dass um diese Zeit sehr viele junge Menschen damit beschäftigt sind, sich entweder auf Abendaktivitäten vorzubereiten, sich schon auf einer Feier befinden oder zumindest in Gesellschaft sind, könnte auch diese Nachrichtenauswahl als gezielt gewertet werden, denn zumindest die Fußball-Themen regen vermutlich zu Gesprächen an.

Insgesamt allerdings ist bei der Themenwahl der Meldungen in Bezug zu den Sendezeiten bei Eins Live keine übermäßige Zielgruppenorientierung gegenüber WDR 2 festzustellen. Zwar wird, wie schon erwähnt, einmal das Thema Studienanfänger hineingenommen, dafür aber lief bei WDR 2 in den untersuchten Blöcken eine Meldung zum Erfolg von Ganztagsschulen, die bei Eins Live nicht zu hören war. Eine Meldung zu einem guten Jahr für die Kinos in Deutschland lief auf beiden Sendern.

Im Folgenden sollen kurz zwei zur gleichen Zeit gesprochene Nachrichtenblöcke von Eins Live und WDR 2, gerade im Hinblick auf den Vergleich von Meldungen zum gleichen Thema, untersucht werden. Herausgegriffen seien hier die Nachrichtensendungen von Mittwoch, dem 09.02.2005, um sieben Uhr.

Bei Eins Live werden in dieser Sendung die Inhalte *Tarifverhandlungen im öffentlichen Dienst, Toter bei Polizeikontrolle, Schiedsrichterskandal* und *Wahl in
Dänemark* thematisiert. Alle diese Themen kommen auch im Nachrichtenblock
von WDR 2 vor; hier laufen zusätzlich Meldungen zu den Themen *Union will
bei Unternehmenssteuerreform mit*reden, *Finanzlage von Städten und Gemeinden*
sowie *Äußerungen von Condoleezza Rice zum Nahost-Konflikt*. Deutlich wird hier
folglich, dass die Nachrichtensendung auf WDR 2 durch die zusätzlichen Themen mehr Information bietet. Die weiteren Themen sind alle politische
Hard-News-Themen. Die Meldung an Position eins ist bei beiden Sendern die
Meldung zu den Tarifverhandlungen im öffentlichen Dienst. Eins Live räumt
dem Thema fünf Sätze in 25 Sekunden ein; einer der Sätze ist ein Original-Ton
von Bundesinnenminister Schily. WDR 2 meldet es in 68 Sekunden mit 13 Sätzen. Die Meldung auf WDR 2 ist also sehr viel ausführlicher und enthält viel
mehr Informationen, zum Beispiel, dass Innenminister Schily der Verhandlungs-
führer des Bundes ist, dass über die Finanzierung noch im Detail verhandelt
werden muss, dass die Arbeitgeber die Beschäftigten leistungsorientierter ent-
lohnen wollen, wie das funktionieren soll, woran es noch scheitert, wo das Kon-
fliktpotential liegt und so weiter (vgl. Transkript WDR 2, 1, 3-20 mit Transkript
Eins Live, 1, 10-16). Die gesamten Einzelheiten und Hintergründe des doch recht
komplizierten Themas werden in der Meldung von Eins Live nicht erläutert
oder erwähnt. Hier erfährt der Hörer nur, dass es am selbigen Tag zu einer Eini-
gung kommen soll, dass es schwierige Punkte gibt, dass die Verhandlungen in
der Nacht unterbrochen wurden und dass das Tarifrecht weit reichend reformiert
werden soll. Die Meldung bleibt also an der Oberfläche.

Umgekehrt sieht es allerdings im selben Nachrichtenblock mit der Meldung
zum Schiedsrichterskandal aus. Bei Eins Live ist diese Meldung 12 Sätze oder 50
Sekunden lang, bei WDR 2 nur 5 Sätze oder 20 Sekunden. Hier erfährt der Hörer bei Eins Live wesentlich mehr Einzelheiten (vgl. Transkript Eins Live, 1, 25-38
mit Transkript WDR 2, 2, 70-74). Bei WDR 2 heißt es lediglich, dass Hoyzer
nach den manipulierten Spielen 67.000 Euro von einer kroatischen Bande erhalten hat und er mit den Manipulationen aus Geldgier vor einem Dreivierteljahr
angefangen hat. Bei Eins Live erfährt der Hörer zusätzlich, dass Hoyzer nun
mithelfen will, die Affäre aufzuklären, dass er sich für den Skandal schämt, wie
es zu dem Kontakt mit der Wettmafia gekommen ist, dass er ein reguläres Tor
aberkannt hat und dass er keine Angaben zu anderen Beschuldigten machen

wollte. Hier liefert also Eins Live ausführlichere Informationen. Die anderen zwei bei beiden Sendern vorkommenden Themen können als in etwa gleich ausführlich beschrieben werden, vielleicht mit einer Tendenz zu mehr Informationen bei WDR 2. Zum Beispiel werden hier Prozentzahlen zum Wahlausgang in Dänemark genannt.

Zusammenfassend ergibt sich aus dem Vergleich der beiden Blöcke, dass WDR 2 durch die höhere Anzahl von Meldungen deutlich mehr Themen anschneidet und die zusätzlichen Themen alle *Hard-News*-Themen sind, die Nachrichtensendung also vor allem im politischen Bereich deutlich mehr Informationen enthält. Bei Eins Live wird die Meldung zum Schiedsrichterskandal ausführlicher behandelt, bei WDR 2 die Meldung zu den Tarifverhandlungen im öffentlichen Dienst, auch hier liegt der *Hard-News* Bereich bei WDR 2 vorn. Die auch in vielen anderen untersuchten Nachrichtensendungen ausführliche Berichterstattung über den Schiedsrichterskandal bei Eins Live könnte als Indiz für eine Zielgruppenorientierung gewertet werden, da das Thema gerade bei jungen Leuten wahrscheinlich einen hohen Gesprächswert hat.

6.3.3 Die Sätze

Im Folgenden wird der Blick auf die Analyseeinheit *Sätze* gerichtet, also hauptsächlich die sprachliche Gestaltung der Meldungen untersucht. Auffällig ist, dass auf dieser Ebene deutliche Ähnlichkeiten zwischen den beiden Sendern zu finden sind.

In den Meldungen von Radio Eins Live enthält ein Satz durchschnittlich 12,3 Wörter, bei WDR 2 sind es durchschnittlich 13,4. Die Nachrichtenredakteure beider Sender halten sich also ungefähr an das schon erwähnte Prinzip, möglichst nicht mehr als 13 Wörter pro Satz zu melden. Bei Eins Live umfasst ein Satz im Durchschnitt gut ein Wort weniger als bei WDR 2, ein kleiner und nicht sehr wesentlicher Unterschied.

Auch die Verwendung von Haupt- und Nebensätzen ist bei beiden Sendern in den untersuchten Nachrichtensendungen sehr ähnlich. Jeweils 8% der Sätze pro

Sender enthalten zwei oder mehr Hauptsätze.[63] 27% der Sätze bei Eins Live, 29% der Sätze auf WDR 2 enthalten mindestens einen Nebensatz. 18% dieser Sätze auf Eins Live, die mindestens einen Nebensatz enthalten, beinhalten zwei oder mehr Nebensätze, 20% der Sätze auf WDR 2. Elliptische Sätze machen bei Eins Live 4% aller Sätze aus, bei WDR 2 6%. Sie sind meist die Ankündigungen von Aufsagern, Korrespondentenberichten oder *Die Einzelheiten*.

Betrachtet man nur die Leadsätze, also die jeweils ersten Sätze einer Meldung, ergibt sich im Hinblick auf die Anzahl der Wörter kaum ein anderes Bild.

Die Leadsätze auf Eins Live bestehen im Durchschnitt aus 12,2 Wörtern, die auf WDR 2 entsprechen mit 13,4 Wörtern genau der Durchschnitts-Zahl aller Sätze. Allerdings ist in den Leadsätzen die Anzahl der Nebensätze oder zweiten Hauptsätze sehr gering. Nur ein Leadsatz bei Eins Live besteht aus zwei Hauptsätzen, zwei weitere Leadsätze enthalten jeweils einen Nebensatz. Das ist bei einer Gesamtsumme von 43 Leadsätzen eine recht geringe Zahl (knapp 7%). Bei WDR 2 sieht das Bild ähnlich aus, zwei Leadsätze bestehen aus jeweils zwei Hauptsätzen, fünf erste Sätze einer Meldung schließen jeweils einen Nebensatz mit ein, bei einer Gesamtanzahl von 64 Leadsätzen sind das 8% der Leadsätze. Es bleibt also festzuhalten, dass die jeweils ersten Sätze einer Meldung bei beiden Sendern recht einfach aufgebaut sind und wenige Nebensätze enthalten, allerdings nicht kürzer sind als die übrigen Sätze.

Ein sehr homogenes Ergebnis für beide Sender ergibt sich auch in der Frage nach der Tatform. 71% aller Sätze von Eins Live sind im Aktiv formuliert worden, 69% sind es bei WDR 2. Passivsätze in ihrer Reinform bilden bei Radio Eins Live 23% aller Sätze, bei WDR 2 sind es 18%, also etwas weniger. Dafür kommen bei WDR 2 häufiger Sätze vor, in denen beide Tatformen zu finden sind, nämlich in 13% aller Sätze, bei Eins Live sind es 6%. Ein Großteil der Sätze beider Sender ist also im Aktiv geschrieben, trotzdem ist die Zahl der Passivsätze nicht verschwindend gering.

Bei dem Einsatz von Adjektiven gibt es einen geringfügigen Unterschied zwischen den Sendern. In einer Meldung finden sich bei Eins Live durchschnittlich 4 Adjektive, bei WDR 2 sind es mit 5,3 etwas mehr. Bei beiden Sendern kom-

---

63 Die Anzahl der Sätze mit drei Hauptsätzen ist hierbei verschwindend gering.

men Adjektive durchaus häufig vor, bedenkt man, dass sie sparsam eingesetzt werden sollten. Allerdings wurden hier auch Adjektive wie ›der *israelische* Ministerpräsident‹ gezählt, die das Ergebnis eventuell in die Höhe getrieben haben.

Fremdwörter, die in Meldungen nach Sabine Henkel Tabu sein sollten, sind dennoch zahlreich in den Meldungen zu finden. Bei Eins Live sind es durchschnittlich 6,8 Fremdwörter in einer Meldung, WDR 2 kommt auf 8,5. Hier muss allerdings mit einbezogen werden, dass laut Definition alle Fremdwörter, also Wörter die ihren Ursprung in einer anderen Sprache haben, gezählt wurden (vgl. Kapitel 6.2). Sehr viele von ihnen sind im Deutschen mittlerweile so geläufig, dass sie nicht als Fremdwörter empfunden werden, zum Beispiel *Polizei* oder *Politik*. So kann, denke ich, die hohe Zahl der Fremdwörter trotz ihres Tabus erklärt werden.

Die ebenfalls unerwünschten Substantivierungen sind in den hier untersuchten Meldungen weitaus seltener zu finden. Bei Eins Live gibt es pro Meldung durchschnittlich 1,2 solcher Substantivierungen, auf WDR 2 sind sie häufiger zu hören, nämlich im Durchschnitt 2,3 pro Meldung. Das bedeutet also, dass sich Eins Live sowohl im Einsatz von Fremdwörtern sowie bei der Verwendung von Substantivierungen mehr zurückhält als WDR 2.

Bei der Anzahl von Zahlennennungen herrscht wieder ein einheitliches Bild zwischen beiden Sendern, denn bei beiden enthält ungefähr jeder fünfte Satz mindestens eine Zahl.

Jargon-Formulierungen kommen bei beiden Sendern recht selten vor, bei Eins Live aber mit 6% der untersuchten Meldungen etwas häufiger als auf WDR 2 mit 2%. Beispiele für Jargon-Formulierungen bei Eins Live sind die Abkürzung *Demo* für Demonstration (vgl. Transkript Eins Live, 4, 184) oder das Wort *Jobs* für Arbeitsplätze (vgl. Transkript Eins Live, 2, 43). Weit reichendere Jargon-Formulierungen oder gar die Verwendung einer für Nachrichten untypischen, dem Thema angepassten Sprache kommen aber nicht vor. Einzig ein Satz in einer Sportmeldung vom Sonntag, 16 Uhr, enthält eine für Nachrichtensprache ungewöhnliche, eher der Umgangsprache zuzuordnende Formulierung:

108 6 Inhaltsanalytische Untersuchung

»Teammitglied Martina Ertl hatte schon vorher so eine Ahnung« (Transkript Eins Live, 10, 480). Er ist die Ankündigung eines Original-Tons von Ertl und könnte in Anbetracht der Sendezeit und des Themas als eine diesem Thema angepasste Formulierung gewertet werden.

Erklärungen von Wörtern, wie beispielsweise Inflationsrate, wie sie von Michael Sperschneider als gewünscht beschrieben wurden (vgl. Sperschneider 1996, 67), kommen nur in einem Fall bei Eins Live vor. Hier ist von »Kiew, der Hauptstadt der Ukraine« (Transkript Eins Live, 11, 509/510) die Rede, was streng genommen nicht einmal als vollwertige Erklärung eines Wortes, sondern als geografische Einordnung gewertet werden kann. Hier wird also deutlich, dass die benutzten Wörter in den Meldungen sowohl bei Eins Live als auch bei WDR 2 bei der Zielgruppe als bekannt vorausgesetzt werden.[64]

10% der Sätze auf Eins Live und 8% der Sätze bei WDR 2 enthalten Abkürzungen. Diese werden nie erklärt; ihre Bedeutung wird folglich als geläufig angenommen. Die verwendeten Abkürzungen näher betrachtend, leuchtet dies auch ein, denn es handelt sich fast immer um gängige Abkürzungen wie *ZDF* (vgl. Transkript Eins Live, 1, 26), *NPD* (vgl. Transkript Eins Live, 4, 184) oder *NRW* (vgl. Transkript Eins Live, 6, 264).

Wie schon beschrieben ist die Position des Prädikats in Hörfunknachrichten sehr wichtig, denn je weiter vorne das Verb steht, desto verständlicher ist der Satz, wenn man ihn hört (vgl. Arnold 1999, 272). Auch in diesem Punkt besteht bei Eins Live und WDR 2 eine große Ähnlichkeit, denn bei Eins Live ist das Prädikat durchschnittlich Wort Nummer 4,1, die durchschnittliche Prädikatsstelle bei WDR 2 liegt bei Position 4,4. Damit ist gezeigt, dass beide Radiosen-

---

64 Das Bildungsniveau der Hörer der beiden WDR Wellen unterscheidet sich nur unwesentlich. Eins Live hat nach der Media Analyse 2004 Radio II mit 9% gegenüber 1% bei WDR 2 deutlich mehr Schüler unter den Hörern. 34% der Hörer von Eins Live und 41% der von WDR 2 haben einen Haupt-/Volksschulabschluss mit oder ohne Lehre, 51% (Eins Live) und 44% (WDR 2) der Hörer haben die mittlere Reife oder Fach-/Hochschulreife erlangt, aber nicht studiert, 7% der Hörer von Eins Live und 14% der WDR 2 Hörer haben ein Studium absolviert.

der dem Vorsatz, das Prädikat möglichst weit nach vorne zu stellen, durchaus Folge leisten. Allerdings muss man bedenken, dass aufgrund der häufig genutzten Perfekt-Vergangenheitsform häufig eine Prädikatsklammer verwendet wird (bei Eins Live in 56% der Sätze, bei WDR 2 in 53% der Sätze). Bei den Prädikatsklammern wurde im Hinblick auf die Position des Prädikats immer der erste Verbteil gezählt. Häufig erschließt sich der Sinn des Satzes erst beim Hören des zweiten Verbteils, was das gute Ergebnis für die Position des Prädikats etwas einschränken könnte. Ohnehin ist mit einer Verwendung in über der Hälfte der Sätze die Prädikatsklammer sehr häufig. Dies ist allerdings, wie gerade beschrieben, in den meisten Fällen auf die Perfekt-Vergangenheitsform zurückzuführen. Sie wird von Radiosendern in Anlehnung an die Alltagssprache sehr häufig benutzt, um sich der gesprochenen Sprache anzupassen und natürlich zu klingen.

Sätze in Radionachrichten sollten, wie schon erörtert, möglichst nur ein Thema beinhalten, um leicht verständlich zu sein. In 10% der Sätze auf Eins Live und 8% der Sätze auf WDR 2 wird dies nicht eingehalten. Dort werden zwei Themen in einem Satz untergebracht. Auch hier besteht also eine recht große Ähnlichkeit zwischen beiden Sendern.

Im Folgenden wird die Verwendung von Konjunktiven betrachtet. Hier lassen sich Unterschiede bei beiden untersuchten Sendern feststellen. In nur 4% aller Sätze auf Eins Live wird der Konjunktiv verwendet, in immerhin 16% der Sätze auf WDR 2. Wie auch im von Sabine Henkel verfassten Thesenpapier als Ziel vorgegeben, wird bei Eins Live der Konjunktiv, oft auch bei indirekter Rede, weggelassen, zum Beispiel: »In seiner Rede sagte er, dass es eine gegenseitige Abhängigkeit gibt und Bedrohungen alle betreffen« (Transkript Eins Live, 9, 409/410). Auch bei WDR 2 wird in einigen Fällen der Konjunktiv nicht benutzt, obwohl ein Satz in indirekter Rede steht, beispielsweise: »Ein Sprecher sagte, dass die Deutsche Bank ab Dezember alleine in Deutschland rund 1900 Stellen wegfallen lassen will« (Transkript WDR 2, 9, 424-426). Auffällig ist, dass die Redakteure beider Sender sehr häufig eine Konjunktivanwendung umgehen, indem sie unter anderem Sätze formulieren wie »Der Erreger wurde, laut Ministerium, unter anderem in Produkten aus einem Betrieb in NRW nachgewiesen« (Transkript Eins Live, 10, 467/468) anstatt von *Das Ministerium gab an, dass der Erreger unter anderem in Produkten aus einem Betrieb in NRW nachgewiesen worden sei.*, oder »Die Opposition wirft dem Außenministerium vor, leichtfertig Visa vergeben zu haben« (Transkript Eins Live, 12, 592/593) anstelle von *Die Opposition wirft dem Außenministerium vor, es habe leichtfertig Visa vergeben.* Vor allem bei Radio Eins Live, aber auch bei WDR 2, taucht sehr häufig eine Formulierung mit dem Verb *wollen* auf: »Die Bundesregierung will Rechtsextremismus stärker bekämpfen« (Transkript Eins Live, 4, 182) oder »Jetzt will Hoyzer dazu beitragen, die Affäre aufzuklären« (Transkript Eins Live, 2, 87). Auch hier wird der Konjunktiv vermieden, denn es könnte auch formuliert werden *Die Bundesregierung hat verlauten lassen, sie wolle den Rechtsextremismus stärker bekämpfen.* Oder *Hoyzer hat gesagt, er wolle jetzt dazu beitragen, die Affäre aufzuklären.* Wie in Kapitel 4 beschrieben, gibt es in der Literatur unterschiedliche Meinungen über die Verwendung des Konjunktivs. Siegfried Weischenberg beispielsweise vertritt, wie offensichtlich die Nachrichtenredakteure bei Eins Live und WDR 2 auch, die Meinung, dass bei direktem Quellenbezug der Konjunktiv weggelassen werden könne (vgl. Weischenberg 1988, 108). Verwirrend ist allerdings, dass er manchmal eben doch verwendet wird, zum Beispiel: »Außerdem erklärte Fischer, dass er jederzeit bereit sei, vor dem Untersuchungsausschuss des Bundestages auszusagen« (Transkript Eins Live, 12, 586-588). Eindeutige Regeln, in welchen Fällen die Konjunktivform Verwendung findet und in welchen nicht, sind bei keinem der beiden Sender erkennbar.

7 Ergebniszusammenfassung und Schlussbetrachtung

Im Folgenden fasse ich in einem Überblick die wichtigsten Ergebnisse der einzelnen Kaptitel zusammen und versuche sie im Hinblick auf den Gesamtzusammenhang einzuordnen.

Das zweite Kapitel hat gezeigt, dass der WDR-Sender Eins Live aus der Konkurrenzsituation mit dem privaten Rundfunk heraus entstanden ist: Der WDR wollte die junge Hörerschaft zurückerobern. Denn gerade die jungen Leute waren zu Radio NRW oder dem Musikfernsehen abgewandert und trautem dem WDR kein Radioprogramm zu, das ihnen gefällt. Das bedeutet für das Selbstverständnis und Leitbild des Senders Eins Live, dass es völlig auf die junge Zielgruppe ausgerichtet ist. Die Programmmacher versuchen, sich in allen Bereichen auf die junge Hörerschaft einzustellen. Inwieweit diese Zielgruppenorientierung auch in die Nachrichten Einzug hält, sollte im Verlauf dieser Arbeit geklärt werden.

Im dritten Kapitel habe ich festgestellt, dass Kommunikationsprozesse beim Radio Besonderheiten unterliegen. Journalisten sind immer Individuen mit subjektiven Erfahrungen und Einstellungen. Nur vor diesem Hintergrund kann eine Analyse von Radionachrichten geschehen, denn wie in dem Kapitel dargestellt, wirkt auf die Nachrichtenredakteure und ihre Arbeit und damit auch auf das Endprodukt Nachrichten eine Fülle von Einflüssen ein. Die Aussagen der in den Nachrichtenredaktionen arbeitenden Journalisten sind, wie in Anlehnung an Maletzke festgestellt wurde, immer öffentlich, einseitig und indirekt, außerdem an ein disperses Publikum gerichtet (vgl. Maletzke 1972, 32). Ein gutes Beispiel dafür, dass der öffentliche Charakter ihrer Aussagen enormen Druck auf die Redakteure ausüben kann, ist der schon erwähnte Versprecher von Sabine Henkel selbst, bei dem sie anstatt *Autobombe Atombombe* sagt (vgl. Transkript Eins Live, 12, 579). In der anschließenden Kommunikation mit der Moderatorin spricht Henkel davon, dass sie schon immer den Alptraum hatte, dieser Versprecher könne ihr passieren. Ob dies nun ein echter Traum oder aber auch nur die Angst vor dem Versprecher war, ist unbedeutend; wichtig ist, dass sie sich offensichtlich schon vorher viel mit der Schwierigkeit der Live-Präsentation und möglichen Versprechern auseinandergesetzt hat. Es wird also sehr deutlich, dass die Öffentlichkeit ihrer Aussagen während der Nachrichtensendungen einen Einfluss auf die Redakteurin hat, denn immerhin hatte sie schon Alpträume von Versprechern. Wie in Kapitel 3 beschrieben, denke ich, dass man hier von Sabine Henkel abstrahieren und dieses Beispiel auf alle Nachrichtenredakteure und Sprecher im Radio übertragen kann.

Auch das Interview mit Sabine Henkel, an dieser Stelle schon kurz einen Blick in Kapitel 5 geworfen, bestätigt den Journalisten als individuell handelnde Person. Hier erwähnt die Chefin vom Dienst, dass der Prozess der Nachrichtenauswahl das Schwierigste für die Nachrichtenredakteure ist (vgl. Henkel 2005, 7, 354/355) und nur eine Routine angestrebt werden kann, da für die Auswahl der Themen nur schwer Regeln aufgestellt und vermittelt werden können. Auch bestätigt sie, dass sowohl individuelle Hintergründe der Redakteure sowie die Vorgesetzten auf die Nachrichtenauswahl einwirken. Bei allen in der Untersuchung ermittelten Ergebnissen dürfen also die Individuen, die hinter dem Endprodukt Nachrichtensendung stehen, nicht außer Acht gelassen werden.

Allgemeine Kriterien für Hörfunknachrichten wurden im vierten Kapitel dieser Arbeit zusammengetragen. So habe ich zum Beispiel festgestellt, dass es bei den Nachrichtensendungen im Hinblick auf Form und Ablauf bestimmte Regeln gibt, unter anderem müssen Nachrichtensendungen als solche klar vom übrigen Programm unterscheidbar sein. Auch die Nachrichtenauswahl und drei Forschungsrichtungen, die sich eben damit beschäftigen, wurden vorgestellt. Deutlich wurde hier, dass keiner der Faktoren isoliert betrachtet werden darf, sondern die Einflussquellen auf die Auswahl der Nachrichten extrem vielseitig sind. Außerdem wurden in Kapitel 4 inhaltliche Ansprüche an Meldungen beleuchtet, zum Beispiel, dass sie laut WDR unabhängig und sachlich geschrieben sein sollen. Der Aufbau von Meldungen und die zu verwendende Sprache wurden ebenfalls thematisiert. Die Meldungen sollten übersichtlich gestaltet und die Sätze, angelehnt an die Alltagssprache, leicht verständlich sein.

Das fünfte Kapitel beschäftigte sich konkret mit den *Infos* auf Eins Live. Hier wurde herausgestellt, dass sich auch die Nachrichtenredakteure in gewissem Maße am Senderselbstverständnis und damit auch der Zielgruppe orientieren. Allerdings erfolgt die Einstellung auf die junge Zielhörerschaft nicht um jeden Preis, so gibt es gewisse Regeln, die offensichtlich für alle Hörunknachrichten gelten und auch von den Eins-Live-Nachrichtenredakteuren eingehalten werden sollen. Die Orientierung auf eine junge Hörerschaft wird unter anderem deutlich an der Distanzierung von den anderen, *klassischen* Sendern und ihren Nachrichten. Auch der Name *Infos* deutet auf eine derartige Orientierung hin, genauso wie die Vorgabe, nur sehr junge Nachrichtensprecher einzustellen. Hier konnte anhand der schon 40-jährigen Chefin vom Dienst, Sabine Henkel, ein kleiner Widerspruch aufgedeckt werden. Zumindest ganz konsequent wird diese Vorgabe also nicht eingehalten. Hört man allerdings die Nachrichtensendung, die Sabine Henkel gesprochen hat, fällt nicht auf, dass sie schon vierzig ist, da sie sehr jung klingt. Interessant ist auch der Aspekt, dass die fest angestellten Nachrichtenredakteure nicht nur bei Eins Live, sondern auch bei den anderen WDR-Wellen eingesetzt werden. Das könnte zunächst die These bestätigen, zwischen den Nachrichten auf WDR 2 und denen auf Eins Live bestünden keine großartigen Unterschiede, da sie zum Teil von denselben Redakteuren geschrieben werden. Umgekehrt aber bestärkt dieser Umstand die Überlegung, dass mögliche Unterschiede zwischen den Nachrichten mit dem jeweiligen Selbstbild eines Senders und den daraus resultierenden Vorgaben für die Journalisten zusammenhängen. Trotz der sich durch viele Bereiche ziehenden Orientierung auf die junge Zielgruppe gibt es, wie in Kapitel 5 deutlich wurde, auch Konventionen, denen alle Hörfunknachrichten unterliegen. Das betrifft vor allem inhaltliche Aspekte [»[...] wir können nicht nur Nachrichten machen, was die Zielgruppe interessiert« (Henkel 2005, 1, 33/34)] und die Sprache in den Nachrichten [»Ich persönlich würde [...] genau so schreiben auch bei WDR 2 und bei WDR 5, weil, ich denke, auch ein WDR-5-Hörer, der ein Hochschulstudium hat, ist nicht böse, wenn er eine Meldung sofort versteht« (Henkel 2005, 10, 497-499)].

Die wohl bemerkenswertesten Ergebnisse bringt die inhaltsanalytische Untersuchung (Kapitel 6) hervor. Auffällig ist, dass die Ergebnisse der drei Analyseeinheiten *Nachrichtensendungen*, *Meldungen* und *Sätze* sehr unterschiedlich sind. Während die Nachrichtensendungen extrem unterschiedlichen Charakter haben, gibt es zwischen den einzelnen Meldungen schon deutlich mehr Gemeinsamkeiten, jedoch auch noch Unterschiede. Die Sätze der Meldungen beider Sender dann sind sehr ähnlich und weisen, wenn überhaupt, nur kleine Unterschiede auf.

Ins Auge stechen bei der Analyse der Nachrichtensendungen die Unterschiede in der Länge, was vor allem wohl auf die höhere Anzahl der Meldungen bei WDR 2 zurückzuführen ist. Aber auch der bei Eins Live praktizierte Sprecherwechsel, der Musikteppich, die Verwendung von Schlagzeilen, die Ankündigung durch den Moderator, teilweise stattfindendes Geplänkel und die eingesetzten Jingles führen zu einem extrem anderen Höreindruck bei den *Infos* im Gegensatz zu den WDR-2-Nachrichten. Außerdem sprechen die Eins Live Präsentatoren schneller und klingen jünger. All dies sind festgelegte Prinzipien der Nachrichten, es wird im Vorfeld von den Programmmachern entschieden, ob ein Sprecherwechsel stattfinden oder ein Musikteppich verwendet werden soll. Alles zusammen lässt, wie schon erwähnt, die Eins Live *Infos* sehr dynamisch wirken.

Bei dem Vergleich auf der Meldungsebene hingegen wurden deutliche Parallelen zwischen den beiden Sendern herausgestellt. Das Verhältnis zwischen *Hard-News* und *Soft-News* ist annähernd gleich, die Ereignisorte ähneln sich sehr, die Verweise auf die Senderegion oder die Zielgruppe kommen in etwa gleich häufig vor. Bei der Beantwortung der W-Fragen gibt es einen Unterschied bei der Frage *Wie.* Auch die Ergebnisse für die anderen Fragen fallen bezüglich der Vollständigkeit ihrer Beantwortung teilweise etwas besser für WDR 2 aus, was allerdings mit der kürzeren Länge der Meldungen auf Eins Live erklärt werden kann. Auch die Parteien werden in etwa gleich häufig genannt. Hier gibt es allerdings den schon erwähnten Umstand, dass bei WDR 2 häufig die Regierungs- und die Oppositionsposition in einer Meldung dargestellt werden. Unterschiede gibt es in der schon genannten Länge der Meldungen, außerdem in der Verwendung von Original-Tönen. In Kapitel 4 wurde herausgestellt, dass O-Töne Meldungen lebendiger machen (vgl. Kindel 1998, 143). Die Verwendung von O-Tönen passt folglich in das auch ansonsten von Eins Live eingehaltene Schema der sehr dynamischen Nachrichtensendungen.

Geringe, vielleicht nicht zu erwartende Unterschiede gab es bei den Kategorien *Überraschende Meldungen, Meldungen mit Ereignissen, die in der Zukunft liegen,* sowie *Faktizität.* Bei Radio Eins Live liegen weniger Ereignisse in der Zukunft, eine höhere Anzahl von Meldungen enthält keine Handlungen nicht verbaler Art und ist erwartet. Für einen Sender mit dem Motto *Zukunft,* der Ereignisse und keine Debatten zu Nachrichten machen will und natürlich

Neues, nicht Erwartbares berichten will, ist dieses Ergebnis wohl eher überraschend.

Bei der Betrachtung zweier zur gleichen Zeit gesendeten Nachrichtenblöcke
fiel auf, dass WDR 2 aufgrund der weitaus höheren Anzahl von Meldungen
deutlich mehr Information in den Nachrichtensendungen verbreitet. Ebenfalls
ins Auge stach, dass bei WDR 2 ein *Hard-News* Thema, bei Eins Live ein
Soft-News Thema jeweils wesentlich ausführlicher behandelt wurde als beim
anderen Sender. Die Macher von Eins Live scheinen also davon auszugehen, dass
junge Menschen unter 30 Jahren der Schiedsrichterskandal mehr interessiert als
Tarifverhandlungen im öffentlichen Dienst, und dieses Ergebnis kann wohl als
Einstellung auf die Zielgruppe gewertet werden.

Vergleicht man die Sätze der beiden Sender miteinander, sind enorme Parallel-
len feststellbar. Zwar sind die Sätze auf WDR 2 im Durchschnitt minimal länger
als die auf Eins Live, ansonsten gibt es aber außer bei der Verwendung von Konjunktiven sowie dem Einsatz von Substantivierungen, Fremdwörtern und
Adjektiven, wo leichte Unterschiede festgestellt wurden, enorme
Übereinstimmungen. Gerade die leicht höhere Anzahl der Adjektive und Fremdwörter pro Meldung auf WDR 2 kann nicht zuletzt darauf zurückgeführt werden, dass die Meldungen dieses Senders länger sind. Denn, wie schon beschrieben, wurden auch Fremdwörter wie *Politik* sowie Adjektive wie *amerikanisch*
erfasst. In der Syntax sowie der Tatform, der Verwendung von Zahlen, der Anzahl der Themen pro Satz, dem Umgang mit Abkürzungen, der Prädikatspo-
sition und der Verwendung von Prädikatsklammern, sind die Ähnlichkeiten
verblüffend.

Dieses Ergebnis deutet darauf hin, dass es für die Struktur der Sätze und die
Verwendung der Sprache bei Hörfunknachrichten klare Regeln gibt, die - unabhängig von individuellen Ausrichtungen des jeweiligen Senders - befolgt werden
müssen. Sie haben einen so hohen Stellenwert, dass trotz einer speziellen Zielgruppe nicht daran gerüttelt wird.

Bei der Gestaltung der einzelnen Meldungen wiederum haben die
Nachrichtenredakteure offensichtlich etwas mehr Spielraum, doch auch hier gibt
es klare Konventionen.

Vor allem bei der formalen Gestaltung der Nachrichtensendungen allerdings scheinen den Radiosendern viele Möglichkeiten gegeben zu sein. In der hier durchgeführten Untersuchung wurde gezeigt, dass Eins Live und WDR 2 diesen Spielraum sehr unterschiedlich nutzen.

Im Blick auf die in der Einleitung aufgeworfenen Fragen lässt sich nun sagen: Ja, die Eins-Live-*Infos* sind *anders*. Die jungen Nachrichtenredakteure von Eins Live versuchen, keine Onkel zu sein, die den jungen Hörern die Welt erklären. Die lockere Einleitung der *Infos* und das teilweise stattfindende Geplänkel zeigen, dass die Journalisten versuchen, sich auf eine Ebene mit der Zielgruppe zu begeben. Der Höreindruck der Nachrichten beider Sender lässt auf völlig unterschiedlich gestaltete Nachrichten schließen.

Interessant ist allerdings nun, dass die Nachrichten im Blick auf den Vergleich der Meldungen und der Sätze gar nicht so unterschiedlich, ja sogar sehr ähnlich sind. Der Spagat zwischen einer seriösen Nachrichtenvermittlung und der ansonsten im Programm verbreiteten lockeren Spaß-Kultur wird daher offensichtlich vor allem in der Form begangen. Die Andersartigkeit der Eins-Live-Nachrichten beruht hauptsächlich auf der Art der Darbietung, denn der textliche Vergleich der Nachrichtensendungen ergab – bis auf die Länge - kaum eklatante Unterschiede. Die Orientierung an der Zielgruppe geschieht also nur in begrenztem Umfang und ist, zumindest bei einem öffentlich-rechtlichen Sender unter Einhaltung der Programmgrundsätze, wahrscheinlich auch nur in einem begrenzten Umfang möglich.

Ob die Zielgruppe der jungen Hörer wirklich genau die Ansprüche an einen Radiosender und seine Nachrichten hat, wie sie bei Eins Live verwirklicht werden, kann in dieser Arbeit nicht geklärt werden. Die Rezipientenseite wird hier nicht näher beleuchtet. Die Einschaltquoten aber geben den Programmmachern Recht. An dieser Stelle sei nun eine Tatsache erwähnt, die etwas verwundern mag: Der Media Analyse Radio 2004 II nach sind fast 60% der Hörer von Eins Live 30 Jahre alt oder älter, liegen also über dem Alter der Zielgruppe. 13% der Hörerschaft ist 14-19 Jahre alt, 27,6% ist 20-29. Zwischen 30 und 39 Jahre alt sind 33,4% der Hörer, 17,7% sind 40-49 Jahre alt und 50 und älter sind die verbleibenden 8,3%. Sabine Henkel gab in unserem Gespräch ein Hörer-Durchschnittsalter von 33 Jahren an (vgl. Henkel 2005, 10, 525-532). Dies deutet darauf hin, dass das konsequent auf die Zielgruppe der unter 30-jährigen gerichtete Format von Radio Eins Live offensichtlich auch die ältere Generation anspricht. So scheint das Konzept des Senders, sich an eine sehr junge Zielgruppe zu wenden, sowohl aufzugehen als auch darüber hinaus erfolgreich zu sein. Denn Eins Live hat, so die Marktforschungsdaten, nicht nur die jungen Hörer zum WDR zurückgeholt, darüber hinaus hören auch viele ältere Menschen die junge Welle. Es bleibt offen, wieso ältere Menschen den Jungendsender Eins Live einschalten. Vielleicht wird hier ein junges Lebensgefühl verbreitet, nach dem sich auch die älteren Hörer sehnen. Könnte man fast sogar von einem *PR-Gag Eins Live* sprechen? Leider kann auf diese Thematik in dieser Arbeit nicht näher eingegangen werden. Es wäre sehr interessant, diesen Aspekt in einer weiteren Untersuchung näher zu betrachten.

Literatur

ARNOLD, Bernd-Peter/VERRES, Hanns (1989): *Radio. Macher, Mechanismen, Mission.* München: TR-Verlagsunion.

ARNOLD, Bernd-Peter (1999): *ABC des Hörfunks.* Reihe Praktischer Journalismus, Band 14. 2., überarbeitete Auflage. Konstanz: UVK Medien.

BAARS, Gerald (1998): »Immer für Überraschungen gut. Radio Eins Live vom WDR.« In: Arbeitsgemeinschaft der öffentlich-rechtlichen Rundfunkanstalten der Bundesrepublik Deutschland (Hrsg.): *ARD Jahrbuch 1998.* S. 69-75.

BURKART, Roland (1998): *Kommunikationswissenschaft. Grundlagen und Problemfelder. Umrisse einer interdisziplinären Sozialwissenschaft.* 3., aktualisierte Auflage. Wien, Köln, Weimar: Böhlau Verlag.

DIEHLMANN, Nicole (2003): »Journalisten und Fernsehnachrichten.« In: RUHRMANN, Georg/WOELKE, Jens/MAIER, Michaela/DIEHLMANN, Nicole: *Der Wert von Nachrichten im deutschen Fernsehen. Ein Modell zur Validierung von Nachrichtenfaktoren.* Schriftenreihe Medienforschung. Band 45. Landesanstalt für Medien (Hrsg.). Opladen: Leske + Budrich. S. 99-144.

DONSBACH, Wolfgang/MATHES, Rainer (2000): »Rundfunk.« In: Elisabeth NOELLE-NEUMANN/Winfried SCHULZ/Jürgen WILKE (Hrsg.): *Fischer Lexikon Publizistik Massenkommunikation.* 7. Auflage. Frankfurt am Main: Fischer Taschenbuch Verlag GmbH. S. 475-518.

GOLDHAMMER, Klaus (1995): *Formatradio in Deutschland. Konzepte, Techniken und Hintergründe der Programmgestaltung von Hörfunkstationen.* Berlin: Wissenschaftsverlag Volker Spiess GmbH.

GUNTERMANN, Thomas (1998): *Zwischen Reichweite und Image: Vom WDR 1 zu Eins Live. Öffentlich-rechtlicher Rundfunk im Wandel.* Bochum: Paragon Verlag.

HOISS, Josef/TSCHECH, Hans (1975): »Die Arbeit des Nachrichtenredakteurs im Hörfunk.« In: Erich STRASSNER (Hrsg.): *Nachrichten. Entwicklungen - Analysen - Erfahrungen.* München: Wilhelm Fink Verlag.

KINDEL, Andreas (1998): *Erinnern von Radio-Nachrichten. Eine empirische Studie über die Selektionsleistungen der Hörer von Radio-Nachrichten.* München: Reinhard Fischer Verlag.

Walther von LA ROCHE/Axel BUCHHOLZ (Hrsg.) (1993): *Radio-Journalismus. Ein Handbuch für Ausbildung und Praxis im Hörfunk.* 6., aktualisierte Auflage. München: List Verlag.

LENKE, Nils/LUTZ, Hans-Dieter/SPRENGER, Michael (1995): *Grundlagen sprachlicher Kommunikation. Mensch, Welt, Handeln, Sprache, Computer.* München: Wilhelm Fink Verlag.

MAIER, Michaela (2003): »Nachrichtenfaktoren – Stand der Forschung.« In: RUHRMANN, Georg/WOELKE, Jens/MAIER, Michaela/DIEHLMANN, Nicole: *Der Wert von Nachrichten im deutschen Fernsehen. Ein Modell zur Validierung von Nachrichtenfaktoren.* Schriftenreihe Medienforschung. Band 45. Landesanstalt für Medien (Hrsg.). Opladen: Leske + Budrich. S. 27-50.

MALETZKE, Gerhard (1972): *Psychologie der Massenkommunikation: Theorie und Systematik.* Neudruck. Hamburg: Hans Bredow-Institut.

MAYRING, Philipp (2003): *Qualitative Inhaltsanalyse. Grundlagen und Techniken.* 8. Auflage. Weinheim: Beltz Verlag.

OHLER, Josef (1991): »Die Sprache des Mediums.« In: Bernd-Peter ARNOLD/ Siegfried QUANDT (Hrsg.): *Radio heute. Die neuen Trends im Hörfunkjournalismus.* Frankfurt am Main: Institut für Medienentwicklung und Kommunikation. S. 145-160.

SCHABOSKY, Carsten (1996): *Volles Programm im Rahmenprogramm? Vergleich der Kommunikation in Rahmenprogrammen und 24-Stunden-Vollprogrammen am Beispiel Radio NRW und NDR 2.* Magisterarbeit im Fach Kommunikationswissenschaft. Essen: Universität GH Essen.

SCHÖNBACH, Klaus/GOERTZ, Lutz (1995): *Radio-Nachrichten: Bunt und flüchtig? Eine Untersuchung zu Präsentationsformen von Hörfunknachrichten und ihren Leistungen.* Im Auftrag der Hamburgischen Anstalt für neue Medien. Berlin: Vistas Verlag GmbH.

SCHULZ, Winfried (2000 A): »Nachricht.« In: Elisabeth NOELLE-NEUMANN/Winfried SCHULZ/Jürgen WILKE (Hrsg.): *Fischer Lexikon Publizistik Massenkommunikation.* 7. Auflage. Frankfurt am Main: Fischer Taschenbuch Verlag GmbH. S. 307-337.

SCHULZ, Winfried (2000 B): »Inhaltsanalyse.« In: Elisabeth NOELLE-NEUMANN/Winfried SCHULZ/Jürgen WILKE (Hrsg.): *Fischer Lexikon Publizistik Massenkommunikation.* 7. Auflage. Frankfurt am Main: Fischer Taschenbuch Verlag GmbH. S. 41-63.

SPERSCHNEIDER, Michael (1996): *Eins Live: Das Eins-Live-Buch.* Bergisch Gladbach: Bastei Lübbe.

STAAB, Joachim Friedrich (1990): *Nachrichtenwert-Theorie: formale Struktur und empirischer Gehalt.* Freiburg/München: Karl Alber Verlag.

TEICHERT, Will (1991): »Hörerbedürfnisse.« In: Bernd-Peter ARNOLD/ Siegfried QUANDT (Hrsg.): *Radio heute. Die neuen Trends im Hörfunkjournalismus.* Frankfurt am Main: Institut für Medienentwicklung und Kommunikation. S. 275-283.

UNGEHEUER, Gerold (1987): »Vor-Urteile über Sprechen, Mitteilen, Verstehen.« In: UNGEHEUER, Gerold: *Kommunikationstheoretische Schriften I: Sprechen, Mitteilen, Verstehen.* J.G. JUCHEM (Hrsg.). Mit einem Nachwort von Hans-Georg Soeffner und Thomas Luckmann. Aachener Studien zur Semiotik und Kommunikationsforschung. Band 14. Achim ESCHBACH (Hrsg.). Aachen: Alano Rader Publikation. S. 290-338.

Walter VITT (Hrsg.) (1992): *Nachrichten im WDR: ein Ausbildungsbrevier.* 3. Auflage. Köln: Westdeutscher Rundfunk.

VOLBERS, Michael (1996): *Das Phänomen Eins Live. Ein Radiosender sorgt für Furore.* Essen: Klartext-Verlag.

Renate WAHRIG-BURFEIND (Hrsg.) (2003): *Wahrig Fremdwörterlexikon.* 4., vollständig neu bearbeitete und aktualisierte Auflage. Gütersloh/München: Wissen Media Verlag.

WEISCHENBERG, Siegfried (1988): *Nachrichtenschreiben. Journalistische Praxis zum Studium und Selbststudium.* Opladen: Westdeutscher Verlag.

WEISCHENBERG, Siegfried (2001): *Nachrichten-Journalismus. Anleitungen und Qualitäts-Standards für die Medienpraxis.* 1. Auflage. Wiesbaden: Westdeutscher Verlag.

WESTDEUTSCHER RUNDFUNK KÖLN (1999): *Alles WDR. Kultur, Wirtschaft und Technologie.* Bergisch-Gladbach: Media-Print.

WILKE, Jürgen (1984): *Nachrichtenauswahl und Medienrealität in vier Jahrhunderten. Eine Modellstudie zur Verbindung von historischer und empirischer Publizistikwissenschaft.* Berlin: Walter de Gruyter. Berlin.

Internetseiten:

www.radionrw.de A:
http://www.radionrw.de/neu/index.php?dest=1
abgerufen am 03.05.2005 um 10.40 Uhr.

www.radionrw.de B:
http://www.radionrw.de/neu/index.php?dest=1&subD=2
abgerufen am 03.05.2005 um 10.40 Uhr.

www.einslive.de:
http://www.einslive.de/daseinslive/presse/eins_live_programmphilosophie/index. phtml, abgerufen am 03.05.2005 um 11.20 Uhr.

Interviews:

RAUSCH (2004):
Interview mit Jochen Rausch, Radio Eins Live. Geführt durch Julia TRAHMS/Beate WESTERFELD. Internes Material.

HENKEL (2005):

Interview mit Sabine Henkel, Radio Eins Live. Geführt am 05.01.2005 durch Viola TIEMANN.

Media-Analyse:

Media Analyse 2004 Radio II, Planungsdaten 2005. Durchgeführt von der Arbeitsgemeinschaft Media-Analyse e.V. Veröffentlicht unter anderem von der ARD-Werbung SALES & SERVICES GmbH.

Unveröffentlichtes Thesenpapier:

HENKEL (2004):

Henkel, Sabine: Die LIVE Infos. Verfasst am 01.08.2004. Internes Material.

Beispiele aus dem Anhang[65]

M =	*Moderator*
N 1 =	*Nachrichtensprecher 1*
N 2 =	*Nachrichtensprecher 2*
w =	*Weiblich*
m =	*Männlich*
J =	*Jingle*
O =	*O-Ton*

E:	Eins Live … Freitag … fünfzehn
M (m):	Guten Tag, noch immer der Bug hier, das schon wieder die Infos.
N1 (m):	Mit Oliver Schmitz und Andrea Büring.
N2 (w):	Stärkeres Versammlungsrecht wegen Rechtsextremen.
N1:	Mehr Bachelor- und Masterstudenten in Deutschland.
N2:	Und das Wetter: Kurze Regenpause.
J:	(Zischen)
N1:	Die Bundesregierung will das Versammlungsrecht und das Strafrecht verschärfen. Bundesinnenminister Schily und Justizministerin Zypries kündigten an, dass vor allem Orte des Gedenkens an Naziverbrechen kurzfristig besonders unter Schutz gestellt werden sollen. Hintergrund ist der sechzigste Jahrestag des Kriegsendes Anfang Mai.
O (Schily):	Nicht zuletzt im Hinblick darauf, dass an diesem Tag sicherlich die Aufmerksamkeit der ganzen Welt auf Deutschland gerichtet sein wird, auch das beschreibt das Ausmaß unserer Verantwortung.
N1:	Damit soll es insbesondere Extremisten verboten sein, an bestimmten Orten zu demonstrieren. Die Verherrlichung und Verharmlosung der

---

65 Der gesamte Anhang, bestehend aus den Transkripten aller untersuchten Nachrichtensendungen der Sender Eins Live und WDR 2, des Interviews mit Sabine Henkel sowie des verwendeten Kategorienschemas, ist auf CD beigefügt.

Nazi-Gewaltherrschaft soll außerdem ausdrücklich unter Strafe gestellt werden.

J: (Zischen)

N2:   Autos sollen in Zukunft verstärkt mit Alkohol und Rapsöl fahren. Das NRW-Umweltministerium stellte ein Förderprogramm vor, mit dem zunächst die Kommunen Anreize für die Umrüstung bekommen sollen. Diese haben oft eigene Tankstellen und können dort die entsprechenden Treibstoffe lagern. Spezielle Motoren können statt Benzin oder Diesel mit preiswerterem Bioalkohol oder Rapsöl getankt werden. Landesumweltministerin Höhn wies noch mal darauf hin, dass Rapsölmotoren auch mit Salatöl aus dem Supermarkt gefahren werden können. EU-weit soll der Anteil alternativer Treibstoffe bis 2010 auf zehn Prozent hochgefahren werden.

J: (Zischen)

N1:   Die befürchtete Grippewelle scheint in Deutschland angekommen zu sein. Die Arbeitsgemeinschaft Influenza meldet überdurchschnittlich viele Erkrankungen. Die Einzelheiten.

N2:   Vor allem Kinder und ältere Menschen sind davon betroffen, aber auch junge Leute rennen vermehrt zum Arzt. Sie klagen über trockenen Husten, Fieber und Gliederschmerzen. Diagnostiziert der Arzt tatsächlich eine Grippe, ist strenge Bettruhe angesagt, denn eine Grippeerkrankung ist hartnäckig. Schlimmstenfalls kann sie zum Tod führen. Bei einer gewöhnlichen Grippewelle sterben in Deutschland zwischen 5000 und 8000 Menschen. Für eine Impfung ist es mittlerweile zu spät. Die braucht zehn bis 14 Tage bis sie wirksam ist. Der Herbst wäre nach Angaben der Arbeitsgemeinschaft Influenza der ideale Zeitpunkt gewesen. Doch nicht jeder, der über die beschriebenen Symptome klagt, muss eine Grippe haben. Eine Erkältung macht sich ähnlich bemerkbar, sie klingt aber sehr viel schneller ab. Die hat zurzeit auch Bundeskanzler Schröder erwischt. Er hat bis einschließlich Sonntag alle Termine abgesagt.

J: (Zischen)

N1:   Jeder zehnte Erstsemesterstudent entscheidet sich inzwischen für einen Bachelor- oder Masterstudiengang. Bundesbildungsministerin Buhlmahn glaubt daher, dass sich Deutschland schon gut Europäischen

Standards angepasst hat. Die Bundesrepublik liegt damit hinter Norwegen, Schweden und Frankreich an vorderer Stelle. Buhlmahn sieht auch die Akzeptanz der neuen Studiengänge im öffentlichen Dienst und der Wirtschaft gestiegen.

J: (Zischen)

N2: Die baskische Terrororganisation ETA droht mit neuem Terror in spanischen Feriengebieten. Ein entsprechendes Schreiben ist bei mehreren Landesvertretungen eingegangen, auch der deutschen Botschaft in Madrid. Die ETA hat die Drohungen nicht nur für den Sommer, sondern das ganze Jahr ausgesprochen. Ende Januar waren bei einem ETA-Anschlag auf ein Hotel in Alicante zwei Menschen verletzt worden.

J: Eins Live ... Wetter

N1: Vorübergehend trockener, im Norden nachher auch vielleicht noch mal etwas Sonne, fünf bis acht Grad ab, der Nacht dann wieder Dauerregen. Auch morgen viel Regen acht bis 13 Grad. Am Sonntag wieder deutlich kühler, fünf Grad. Dazu Schneeregen, Graupel und Schneeschauer.

J: Eins Live ... Stauschau

N2: Alles ab 3 Kilometern. A 1 Bremen Richtung Münster zwischen Osnabrück-Hafen und Kreuz Lotte-Osnabrück 3 Kilometer, A 1 Dortmund Richtung Euskirchen zwischen Köln-Niel und Köln-Bocklemünd 4 Kilometer, die A 3 Oberhausen Richtung Frankfurt zwischen Kreuz Leverkusen und Dreieck Heumar 6 Kilometer, A 40 Dortmund Richtung Essen zwischen Bochum-Stahlhausen und Essen-Kray 5 Kilometer, A 40 Venlo Richtung Essen zwischen Duisburg-Rheinhausen und Häfen 3 Kilometer, A 40 Duisburg Richtung Dortmund zwischen Dreieck Essen-Ost und Bochum Wattenscheid-West 4 Kilometer, die A 42 Duisburg Richtung Dortmund zwischen Bottrop-Süd und Essen-Altenessen 6 Kilometer, A 43 Wuppertal Richtung Recklinghausen zwischen Kreuz Bochum und Riemke 3 Kilometer, A 45 Gießen Richtung Dortmund zwischen Lüdenscheid-Nord und Schwerte-Ergste 6 Kilometer, und A 46 Hagen Richtung Brilon zwischen Meschede und Bestwig 3 Kilometer.

M: Schmitzmann?

N1: Hm?

M: Was sollte das denn?

N1: Was denn?

M: Von wegen Grippe und tot umfallen und - das könnt ihr mit einem Hypochonder wie mir aber nicht machen. // Da fühl ich mich schon ganz schlecht. //

N1: // Hörst du das nicht, wie schlimm es geht? //

M: Der Kanzler ist schon tot fast, also...

N1: Sei froh, dass wir es noch ans Mikro schaffen.

J: Eins Live ... Freitag ... fünfzehn
Musik

WDR 2 Nachrichten - Freitag, 11.02.2005, 15:00 Uhr:

M = *Moderator*
N = *Nachrichtensprecher*
w = *Weiblich*
m = *Männlich*
J= *Jingle*
A = *Aufsager*

J: WDR 2 ... Nachrichten

N (m):   Um fünfzehn Uhr mit Christoph Hoffmann.
            Der Sozialverband Deutschland rechnet damit, dass sich ein großer
            Teil der Bescheide für das Arbeitslosengeld 2 nachträglich als falsch
            herausstellen wird. Verbandspräsident Bauer sagte, viele der Bescheide
            seien mit heißer Nadel gestrickt worden. Die zu erwartenden
            Korrekturen könnten daher für Unmut bei den Arbeitslosen sorgen.
            Wolfgang Otto.

A (m):   Bisher hätten die Ämter die Anträge auf das Arbeitslosengeld 2 wegen
            des hohen Zeitdrucks nicht so genau geprüft. Im Sommer, wenn die
            Anträge wieder gestellt werden müssen, sei das anders. Deshalb wird
            die Zahl der abgelehnten Anträge steigen, und damit auch die Wut bei
            den Betroffenen. Zudem listet der Sozialverband eine ganze Reihe von
            Problemen in der Praxis auf. So legten einige Ämter Langzeitarbeitslo-
            sen den Umzug in eine billigere Wohnung nahe, auch in Fällen in de-
            nen das laut Gesetz gar nicht gerechtfertigt ist. Außerdem zeigten sich
            in bestimmten Härtefällen Lücken im Gesetz, die zu ungerechten
            Ergebnissen führen.

N: Die Bundesregierung will das Straf- und Versammlungsrecht kurzfristig
            verschärfen. Sie will damit unter anderem die geplante NPD Demonst-
            ration am achten Mai am Brandenburger Tor verhindern.
            Bundesinnenminister Schily sagte, dem Erstarken des Rechtsextremis-
            mus gelte es auch mit rechtlichen Mitteln entgegenzuwirken. Holger
            Brandenbusch.

A (m):   Schily will in Paragraph 15 des Versammlungsrechts zwei neue Absätze
            einfügen. Danach soll es in Zukunft möglich sein, Versammlungen

oder Aufzüge zu verbieten, die die nationalsozialistische Willkür und Gewaltherrschaft verherrlichen oder verharmlosen. Veranstaltungen an besonders sensiblen Orten wie dem Holocaust Mahnmal in Berlin sollen verboten werden dürfen. Und der Tatbestand der Volksverhetzung im Strafgesetzbuch wird erweitert. Die Verherrlichung der NS-Herrschaft soll in Zukunft mit bis zu drei Jahren Haft geahndet werden. Das ist ein Signal vor allem an junge Menschen, sagte Bundesjustizministerin Brigitte Zypries. Wir ziehen nun eine klare Grenze zwischen dem was erlaubt ist, und dem was verboten ist.

N: Die Innenminister von Bund und Ländern sind in Berlin zu einer Sondersitzung zusammengekommen. Sie beraten über die Chancen eines neuen Verbotsantrages gegen die NPD. Der Brandenburgische Innenminister Schönbohm sagte, die Politiker seien sich einig darüber, dass die NPD eine verfassungswidrige Partei sei. Allerdings seien die Hürden für ein Verbot sehr hoch. Deswegen geht es in der Sondersitzung der Innenminister erst einmal darum, wie neue Beweise gegen die rechtsextreme Partei gesammelt werden können.
Die Deutsche Bank bleibt bei ihrem geplanten Stellenabbau. Ein Sprecher sagte, dass die Deutsche Bank ab Dezember alleine in Deutschland rund 1900 Stellen wegfallen lassen will. Der Gesamtbetriebsrat hatte gestern scharf dagegen protestiert. Insgesamt will das Unternehmen über 6000 Stellen streichen, obwohl es zuletzt einen Milliardengewinn ausgewiesen hat. Politiker und Gewerkschaften starteten deswegen eine Diskussion darüber, welche Verantwortung Unternehmen in Deutschland übernehmen sollten.
Vor dem Beginn des Rheinischen Ärztetages in Düsseldorf hat sich die Bundesärztekammer über zu viel Bürokratie beklagt. Ärztepräsident Hoppe sagte, die Ärzte müssten sich mit einer Vielzahl von Formularen herumschlagen. Darunter leide auch die Motivation. Martin Höke.

A (m):   Umfragen zufolge würden 40 Prozent der 15000 niedergelassenen Ärzte zwischen Kleve, Essen, Aachen und Köln den Beruf nicht mehr ergreifen. Auch die Stimmung beim Nachwuchs verschlechtert sich. Ein Viertel der Medizinstudenten geht nach dem Abschluss nicht mehr in die Patientenversorgung, sondern zieht Wirtschaft oder Forschung vor, Tendenz weiter steigend. Denn spätestens im praktischen Jahr bekommen die angehenden Ärzte den Wust an Bürokratie zu spüren. Die Folge in großen Kliniken: Für den direkten Patientenkontakt bleiben durchschnittlich 7,5 Minuten pro Tag, 40 Prozent der Arbeitszeit nimmt die Dokumentation der Fälle in Anspruch. Bei niedergelassenen Ärzten sind es etwa 35 Prozent.

N: NRW Umweltministerin Höhn will erreichen, dass Autos in Deutschland verstärkt mit Alkohol und Rapsöl fahren. Bei der Vorstellung eines Förderprogramms für die Kommunen sagte Höhn, diese Treibstoffe seien gut für die Umwelt und den Geldbeutel. Außerdem gehe es um die Unabhängigkeit vom Öl. Darüber hinaus könnten durch die Umstellung auf Biotreibstoffe rund 175.000 neue Arbeitsplätze entstehen. Die Landesregierung stellt 2 Millionen Euro zur Verfügung, um die Kommunen bei einer Umrüstung ihrer Fahrzeugflotten zu unterstützen.

J: (Töne, in Musikteppich übergehend)
     Das Wetter in Nordrhein Westfalen. Im Norden des Landes kommt am Nachmittag sogar ab und zu die Sonne durch und im Süden hört es immerhin auf zu regnen. Die Temperaturen liegen zwischen acht und zwei Grad. In der Nacht kommen aber wieder dicke Wolken auf und von Westen her setzt zum Teil kräftiger Dauerregen ein, es wird kaum kälter als am Tag. Morgen wird es wieder regnerisch, kaum sonnig und fast schon warm, bis 13 Grad geht's rauf, der Wind weht dann stark bis stürmisch. Auch am Sonntag sind wieder kräftige Schauer angesagt, dann auch wieder mit Schnee oder Graupel, es wird deutlich kühler. Die Zeit gleich fünfzehn Uhr und fünf Minuten.

M (w):   Hier ist die WDR 2 die Verkehrslage, Staus und stockender Verkehr ab 2 Kilometern Länge. A 1 Bremen Richtung Münster zwischen Osnabrück-Hafen und Kreuz Lotte-Osnabrück 3 Kilometer Stau, A 1 Dortmund Richtung Euskirchen zwischen Köln-Niel und Köln-Bocklemünd 4 Kilometer, A 1 Köln Richtung Dortmund zwischen Kreuz Leverkusen-West und Kreuz Leverkusen 2 Kilometer Stau, und später dann noch zwischen Wuppertal Ronsdorf und Wuppertal Langerfeld 2 Kilometer an einer Baustelle, und dann noch zwischen Hagen-West und Hagen-Nord 2 Kilometer Stau, A 3 Oberhausen Richtung Frankfurt zwischen Kreuz Leverkusen und Dreieck Heumar

10 Kilometer Stau, A 40 Dortmund Richtung Essen zwischen Bochum-Stahlhausen und Essen-Kray 5 Kilometer, A 40 Venlo Richtung Essen zwischen Duisburg-Rheinhausen und Duisburg-Häfen 3 Kilometer, A 40 Duisburg Richtung Dortmund zwischen Dreieck Essen-Ost und Bochum Wattenscheid-West 6 Kilometer, die A 42 Duisburg Richtung Dortmund zwischen Bottrop-Süd und Essen-Altenessen 6 Kilometer Stau, A 43 Wuppertal Richtung Recklinghausen zwischen Kreuz Bochum und Bochum-Riemke 3 Kilometer, A 43 Recklinghausen Richtung Münster zwischen Senden und Kreuz Münster-Süd 2 Kilometer Stau, A 45 Gießen Richtung Dortmund zwischen Lüdenscheid-Nord und Schwerte-Ergste 6 Kilometer Stau, A 46 Düsseldorf Richtung Wuppertal zwischen Wuppertal-Wichlinghausen und Wuppertal-Oberbarmen 2 Kilometer Stau und der letzte von der A 46 Hagen Richtung Brilon zwischen Meschede und Bestwig 3 Kilometer Stau.

J: WDR 2 ...zwischen Rhein und Weser ... mit Edda Dammmüller

M: Tag zusammen.

Musik

Über die Autorin

Tiemann, Viola, geboren 1979; Studium der Kommunikationswissenschaft, Praktische Sozialwissenschaften und Germanistik (Universität Duisburg-Essen, Abschluss 2006 ›mit Auszeichnung‹); 2000-2001 freie Mitarbeiterin beim Institut für Marktforschung und Kommunikation IfA (Essen); 2001-2006 freie Mitarbeiterin bei Radio Antenne Ruhr (Oberhausen/Mülheim); seit März 2006 Volontärin bei Antenne Ruhr.

Kontakt: viola-tiemann@web.de

Essener Studien zur Semiotik und Kommunikationsforschung

Band 1, 2000
Jens Kapitzky
Sprachkritik und Political Correctness in der Bundesrepublik Deutschland
ISBN 3-8265-8096-6, 202 Seiten, 34,50 Euro

Band 2, 2001
Nikolaus Nagel
Nur zufriedene Patienten?
Eine kommunikationswissenschaftliche Untersuchung zur Arzt-Patient-Kommunikation
am Beispiel der umweltmedizinischen Beratung
ISBN 3-8265-9111-9, 504 Seiten + CD-ROM, 39,50 Euro

Band 3, 2003
Gregor von der Heiden
Wer zu spät kommt, den bestraft der Wartende
Zur Funktion des Wartens in zwischenmenschlicher Verständigung
ISBN 3-8322-1462-3, 144 Seiten, 24,80 Euro

Band 4, 2003
Jana Döring, H. Walter Schmitz, Olaf A. Schulte (Hg.)
Connecting Perspectives
Videokonferenz: Beiträge zu ihrer Erforschung und Anwendung
ISBN 3-8322-1492-5, 506 Seiten, 39,50 Euro

Band 5, 2003
Tatjana Pawlowski, H. Walter Schmitz (Hg.)
30 Jahre »Die gesellschaftliche Konstruktion der Wirklichkeit«
Gespräch mit Thomas Luckmann
ISBN 3-8322-1542-5, 68 Seiten, 3 Fotografien, 11,50 Euro

Band 6, 2003
Martin Friebel
Vorsprachliche Kommunikation?
Ahnungen, Vermutungen und Vorurteile über Säuglinge und Föten:
eine kommunikationswissenschaftliche Annäherung
ISBN 3-8322-1571-9, 152 Seiten, 24,80 Euro

Band 14, 2005
Andrea Kathage
Mehr als »Reden zum Fenster hinaus«
Zur Relevanz öffentlicher Kommunikation für den privaten Konsens
ISBN 3-8322-3662-7, 174 Seiten, 24,80 Euro

Band 15, 2005
Christina Hahn
Innensichten. Außensichten. Einsichten.
Eine Rekonstruktion der Emic-Etic-Debatte
ISBN 3-8322-4040-3, 246 Seiten, 34,50 Euro

Band 16, 2006
Annika Daniel
Semiotische Fundamente gesellschaftlicher Wirklichkeitskonstruktion
ISBN 3-8322-4270-8, 100 Seiten, 19,80 Euro

Band 17, 2005
Gabriela Gotthelf
Gemeinsam an getrennten Orten?
Zur Relevanz von Raum und Kontext in der Videokonferenz
ISBN 3-8322-4271-6, 288 Seiten + CD-ROM, 39,50 Euro

Band 18, 2006
Claudia Schirrmeister, H. Walter Schmitz
»Was soll nur aus dir einmal werden...«
Berufsfelder und Perspektiven für Absolventen der Kommunikationswissenschaft
an der Universität Duisburg-Essen
ISBN 3-8322-5591-5, 536 Seiten, 39,50 Euro

Band 19, 2006
Viola Tiemann
›Keine Onkel, die erklären, wie die Welt funktioniert‹
Eine inhaltsanalytische Untersuchung der Nachrichten auf Radio Eins Live
ISBN 3-8322-5686-5, 138 Seiten + CD-ROM, 24,80 Euro